データとAIがもたらす
教育革命

学びを
変える
ラーニング
アナリティクス

緒方広明
江口悦弘

日経BP

Contents

※本文中の肩書は全て取材当時のものです

※LEAFと連携ツールの画面および機能は、ソフトウエアの仕様変更により変わることがあります

緒方 広明

序章 エビデンスに基づく確かな教育を求めて

これまで教育のICT化やデジタル化の必要性は、ずっと叫ばれてきましたが、なかなか進展しませんでした。ところが、2020年の新型コロナウイルス感染症拡大の影響で、日本の学校は全面休業（休校）になり、大学と一部の学校では対面での授業に代えてオンライン授業を実施しました。これを機に、教育現場でのICT活用が一気に加速しました。小中学校では、2020年度からGIGAスクール構想を前倒しで整備し、1人1台のコンピューターと高速な校内ネットワークなどの環境整備が急ピッチで進みました。

しかしながら、こうしたハードウエアを整備しただけでは、教育効果の向上や教員の負担軽減など、真の意味での教育の情報化の恩恵は受けられません。そこで本書では、1人1台の端末を使う教育・学習活動によって自然と蓄積される教育データを科学的に分析することで、教育効果の向上や教員の負担軽減を実効性のある形にしていく方法を提案します。

GIGAスクール構想でラーニングアナリティクスに注目

教育データの分析は「ラーニングアナリティクス（Learning Analytics：学習分析）」と呼ばれています。この定義はさまざまですが、筆者らは「ICTを用いて、教員や学習者からどのような情報を収集して、どのように分析・フィードバックすれば、どのように学習・教育が促進されるのかを研究する分野」と定義しています。

国内では、GIGAスクール構想以降、国が「教育データの利活用」を打ち出し、データを分析するラーニングアナリティクスが注目されるようになりました。世界に目を向けると、国内よりも早い2010年ごろから国際学会や国際会議でラーニングアナリティクス研究が議論されています。

ラーニングアナリティクスに対する関心が高まっている背景には、以下のような理由があると考えられます。

(1) ICTの発達：ICT（情報通信技術）の発達と普及によって、クラウドを使ったビッグデータの処理が比較的容易にできるようになりました。さらに、AI（人工知能）やデータ解析技術が進化したことで大量の学習ログを分析できるようになり、学習者の行動を予測することも可能になってきました。

(2) ICT活用教育の進展：GIGAスクール構想の1人1台端末だけでなく、大学などの高等教育機関においてもパソコンの必携化が広がり、全ての学習者が授業内外で日常的にコンピューターを使って学ぶ環境が整ってきました。ソフトウエア面でもeラーニングやeポートフォリオ、履修情報・シラバス等の学内情報システムや、MOOCs（大規模公開オンライン講座）などの教育機関の枠組みを越えたオンライン教育システムの利用が拡大しました。それによって学習活動のログが大量に蓄積されるようになってきました。

(3) 教育への関心の高まり：学校教育を取り巻く状況が複雑化、多様化している現代社会では、教育の質を向上させ、教育・学習をきめ細かく支援する必要性が高まっています。そこで、1人1台端末で蓄積可能になる膨大な教育データを活用すれば、教員や学習者一人ひとりをきめ細かくサポートできるようになると期待されています。

ICTの発達	ICT活用教育の進展	教育への関心の高まり
高速インターネットの普及 ビッグデータの 管理・分析技術の向上 AI(人工知能)の進化	ICT活用教育の進展 GIGAスクール構想 大学のパソコン必携化 eラーニング、 MOOCs、 デジタル教科書の普及	個人の学習ニーズや 多様性の拡大 学び直しや生涯学習の促進 従来の授業・学習が 抱える課題 きめ細かな学習支援の要請

教育データの利活用への期待が高まる主な要因

教育・学習効果を高め、教員の負担を軽減

ラーニングアナリティクスの目的は、大きく分けて2つあります。一つめは、教育・学習効果を最大限に高めるこです。例えば、学習者がデジタル教材で分からない箇所にマーカーを引くと、全学習者のマーカーを重ね合わせることで、分からないところを教員が把握できます。これまでは経験や勘によって学習者の分からないところを把握してきましたが、ラーニングアナリティクスによって学習

者が分からないところを的確に把握して授業中に説明できます。各学習者が分からない部分に合わせて、その人に合った教材や問題を推薦することもできます。

もう一つの目的は、教員の負担を最小限にすることです。例えば、これまでは数学の問題を授業中に解いてもらう場合、テスト用紙の配布・解答・回収を経て授業後に正解・誤答例を抜き出し、次の授業でそれらについて説明していました。一連の作業には時間も手間もかかります。ところが、ラーニングアナリティクスのシステムを使えば、ペンとタブレットで直接問題に解答してもらい、それをリアルタイムに分析して代表的な正解・誤答例を抜き出し、その場で説明できるようになります。

ラーニングアナリティクスは保護者にとってもメリットがあります。子供が学校で何を学び、どのような問題を解いて、どこが分かりにくかったのか、どのような点に興味を持ったのかといった状況を把握でき、家庭でのコミュニケーションのきっかけになります。また、教育委員会や文部科学省は、教育ビッグデータを分析してEBPM（エビデンスに基づく政策立案）を実現できるようになります。

ラーニングアナリティクス研究のきっかけは英会話

私がラーニングアナリティクスの研究をしようと思ったきかっけは、徳島大学に勤務していた2001年、32歳のときに在外研究員として米国コロラド大学に留学したことでした。学校で英語教育を受けてきたにもかかわらず英語を聞き取れず、話しても通じなかったのです。特に街中での買い物や散歩の途中での何気ない会話が難しかったのを覚えています。しかし何度も聞いていると、同じような場面では、似たフレーズを使っていることに気付きました。このことを、同じように日本から来ていたほかの研究者に話すと、全く同様の経験をしたということでした。そのとき私は、「このような経験を記録して、みんなで共有すれば早く気付くし、渡航前に使用頻度の高い言葉から順番に予習しておけば、現地でもっとスムーズに会話ができるのではないか」と思いました。

そこで、2003年に帰国して、日常生活の至るところで起こる“学びの体験”を蓄積・共有・利活用するために「SCROLL」というシステムを研究開発しました。初めは留学生を対象に、学校の外で日本語を学ぶ体験を写真やビデオで記録して学習ログとして共有することから始めました。スーパーマーケットなどで「納豆」などの日本文化と直結した単語が多く記録されました。しかし、当然学びは学校の中でも起こるので、それを記録するにはどうしたらよいだろうかと考えて開発したのが「BookRoll（ブックロール）」です。このシステムは、授業中に使う教科書や教材をPDFで登録しておき、学習者がそれらを閲覧すると履歴を記録します。BookRollという名前にしたのは、そのころはSCROLLと一体化したシステムだったためです。本を使った学習体験を共有すれば、同じところでつまずく学習者を減らせると考えました。

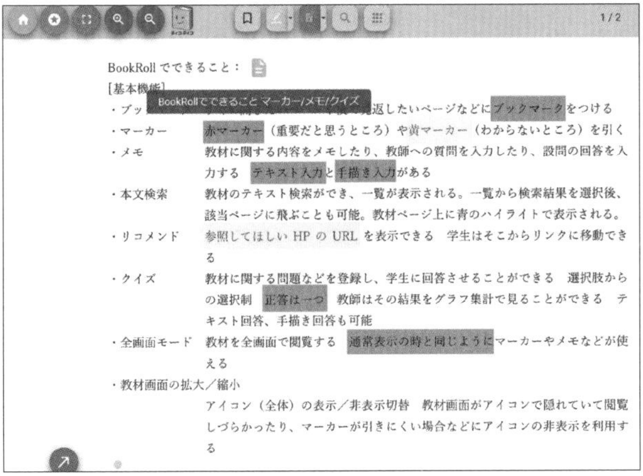

デジタル教材配信システムの「BookRoll」は、学習者が教材にマーカーを引いたり、クイズ（小テスト）に解答したりして、学習体験を共有できる

その後、私は2013年に九州大学へ移りました。そこでは学生に対してパソコンを必携化していたので、これをうまく利用して学習ログを記録・分析すれば、教育改善に役立てられるかもしれないと考えたのです。大学では多くの教員が「PowerPoint」などで作った教材を使って授業をしていたため、BookRollをSCROLLから切り離し、単体のシステムとして学習者に教材を配信し、学習ログを記録できるようにしました。そして、BookRollを使って日本で初めて全学的なラーニングアナリティクスを実施しました。

2017年には京都大学に移り、1つの大学内だけでなく全国にラーニングアナリティクスを広げて、国全体で「エビデンス（根拠、証拠）に基づく教育」を促進したいと思いました。そこで研究の範囲を広げて、小学校から大学までの教育を対象にラーニングアナリティクスの研究に取り組むことにしました。そのためにまず必要だったのが、教育データの収集と分析のためのプラットフォームです。そこで、BookRollを含めた「LEAF（Learning and Evidence Analytics

Framework：リーフ)」をプラットフォームとして開発しました。本書では、このLEAFと連携する各種ツールを用いた研究や実践事例を紹介します。GIGAスクール構想で配備されたコンピューターのOS（基本ソフト）は米国製ばかりでしたが、教育データは国全体の重要な資産であり、LEAFのように国産の情報基盤システムを構築して運用すべきだと考えています。

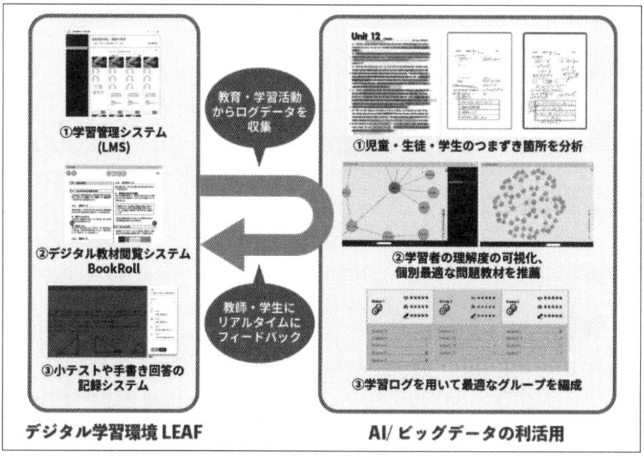

「LEAF」は、デジタル教材配信システムのBookRollと学習データ分析ツールの「ログパレ」、それらと連携するLMS（学習管理システム）または学習eポータルで構成するラーニングアナリティクスのプラットフォーム

最新のラーニングアナリティクス研究を紹介

　これまでのラーニングアナリティクス研究と関連付けて説明すると、本書では以下のような研究を取り上げます。

教育データ利活用のためのシステム：教育データを安全・安心に収集・蓄積するためのプラットフォームは非常に重要です。本書では、国際技術標準を用いたラーニングアナリティクスのプラットフォームであるLEAFについて解説します。また、その中でも複数の教育機関にわたって分散管理された学習ログを連結するためにブロックチェーン技術を用いる研究を紹介します（第2章第1節、第6節を参照）。

オープン学習者モデル：学習者が「何をどこまで理解しているか」などの状態を表す学習者モデルは、教育・学習支援システムに必須の機能です。これまでは、学習者モデルをシステム内にのみ持っていましたが、これを学習者や教員に提示して自身の状態を把握してもらうというオープン学習者モデルが研究されています。本書では、オープン学者モデルを用いた問題推薦について解説します（第2章第2節を参照）。

個人適応型学習支援： AIドリルや個人適応型デジタル教材など、教育データを用いて、学習者一人ひとりの特性に合った教材や問題などを提供する研究が行われています。特に、本書ではAIドリルの研究を紹介します（第2章第2節を参照）。

学習者の文章解析： 授業後に提出されたレポートや振り返りノートの文章を解析して、学習者が授業中に分かりにくかった箇所を特定したり、そのときの感情を分析したりします。本書では、AIドリルの中で自分の答案に対してその解答のプロセスを説明した文章（自己説明）の分析を解説します（第2章第2節を参照）。

マルチモーダル分析： ラーニングアナリティクスでは、LMSや学習支援ツールなどの利用履歴（クリックストリームともいわれる）のデータを分析対象とする場合がほとんどですが、視線や脈拍、脳波などのさまざまなセンサーデータから学習者の状況を把握する手法も研究されています。本書では、ペンストロークデータの分析と、自己主導能力の育成のために学習データと健康データを分析・活用するシステムを紹介します。（第2章第2節、第5節を参照）。

グループ学習分析： 学習ログを用いてグループ学習を支援します。例えば、テストや教材の閲覧履歴などのデータを基にグループ編成を自動化できます（第2章第3節を参照）。また、グループ学習中における学習者の発話の関係を社会ネットワーク分析して、議論の中心となった学習者などを特定する研究も進んでいます。

教育データを駆使した教育の実践： ラーニングアナリティクスの研究の初期段階では、オンライン授業や大学教育を対象にした研究が中心でした（第3章第5節を参照）。しかし近年は、初等中等教育における研究も増えています。本書では長文読解支援（アクティブリーディング）や自己主導能力の育成を取り上げます（第2章第4節、第5節を参照）。

エビデンスの蓄積・共有： 教育機関における教育データは、これまでは蓄積されてこなかった、たいへん貴重なものです。これから効果的な教育・学習活動の事例やエビデンスを抽出して共有するシステムを紹介します（第２章第７節を参照）。

これらは、筆者らが研究するラーニングアナリティクスのほんの一部にすぎません。特に、AIやビッグデータの関連技術の進歩はすさまじく、研究テーマもどんどん進化しています。こうした技術を教育に取り入れるには、倫理的・法的・社会的課題（ELSI）について考えることも、ますます重要になっています。

産学官が連携して教育データの利活用を

教育データの利活用を進めるためには、ラーニングアナリティクスの研究者と民間企業、教育委員会や文部科学省などの行政機関が手をつなぎ、産学官で連携する必要があると考えています。そのために、筆者らは「エビデンス駆動型教育研究協議会」（一般社団法人）を2021年５月に設立しました。同協議会は、教育データ利活用の研究と実践を促進するために、LEAFをさまざまな教育機関に導入しています。また、教育データの標準化やポリシー、基盤システムのあり方、教育実践の方法について議論を重ねています。教育データの利活用やラーニングアナリティクスに興味のある方は、ぜひご参加ください。

◆　◆　◆

本書は主に４つの章で構成しています。第１章では、これからの教育にラーニングアナリティクスが必要になる理由とそれによって実現することについて、社会的な背景から説明します。ラーニングアナリティクスを既にご存じの読者は、第２章から読み始めていただいても構いません。第２章は、京都大学 緒方研究室が開発・研究するLEAFのシステムと各種ツールについて、最新の研究成果も交えて詳しく解説します。教育学的な観点の専門的な説明もあるので、難しいと思った箇所は読み飛ばしても、本書全体を理解する上では問題ありません。

第３章ではLEAFを導入した学校・大学における実践を取材し、学びがどう変わったのか、具体的に紹介します。第４章は、これからBookRollとログパレを使ってラーニングアナリティクスを実践してみたいという教育関係者のために、練習用コースを使った始め方を説明しています。最後の終章では、教育データ利活用の社会原則と個別最適な学びを実現した授業の姿について解説します。

第
1章

個別最適な学びに必要なラーニングアナリティクス

デジタル技術やAI（人工知能）によって実現する超スマート社会＝Society 5.0では、AIにはできない人間らしい発想や表現力によってイノベーションを起こす力を備えた人材が求められます。それには学校教育もこれまでの一斉授業から脱却し、子供たち一人ひとりの資質・能力を伸ばす個別最適な学びを実現する必要があります。そのカギとなるのが「ラーニングアナリティクス（学習分析）」と「エビデンスに基づく教育」です。

江口 悦弘

第1節

変わる社会と変わらぬ学校 教育はこのままでよいのか

お子さんがいる家庭の保護者であれば、学校に足を運んで授業の様子をご覧になったことがあるでしょう。黒板にチョークで板書する先生と、それを見ながらノートに書き込む児童・生徒の姿は自分たちが子供の頃と変わりなく、懐かしさを感じたのではないでしょうか。教室の中で変わったことといえば、扉付きのテレビの代わりにプロジェクターが設置され、天井にエアコンが付いたことくらい。半世紀前と比べても、驚くほど変化が小さいことに気付きます。

150年間変わらない教室の風景

近代教育法令である「学制」が公布されたのは明治5年（1872年）のこと。それから150年あまり過ぎましたが、教室で先生が児童・生徒に教えるという授業のスタイルは変わっていません。子供たちは全員が同じ場所で同じ内容の授業を受け、同じ学習活動をします。黒板に書かれた文字を一生懸命にノートに写し取り、調べ学習のときは図書室の本を閲覧します。国民の多くが「学校だから当たり前」と思っていた教室の風景ですが、「社会が大きく変化する中、学校はこのままでよいのか」と指摘する声が上がっています。

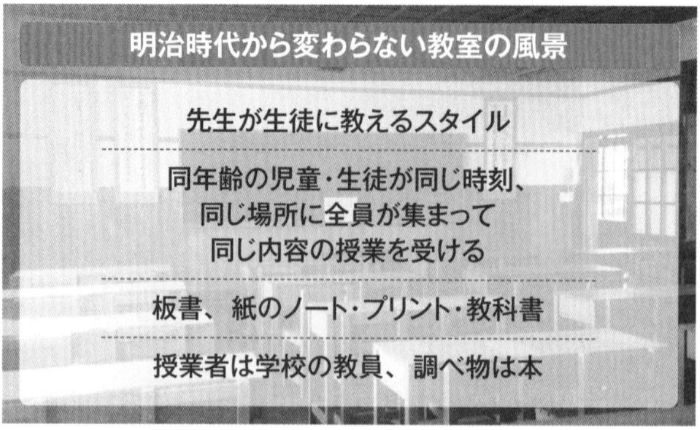

小中高等学校の授業では対話やグループ学習などを取り入れてきたが、教室での一斉授業という基本的な枠組みは変わっていない

　あなたがある企業のオフィスを訪れたとして、机の上にパソコンはなく紙の書類が山積し、従業員が電卓をたたきながら電話で打ち合わせをしているような“昭和の光景”を見たら、きっと「仕事の仕方が時代遅れだ」と感じるでしょう。今の多くの学校は、これと同じように時代から取り残された存在になっていました。

　それが端的に表れたのが、2020年に起こった新型コロナウイルス感染症のまん延による一斉休校（学校休業）のときです。2020年4月16日時点で双方向のオンライン授業を実施した公立学校は、わずか5%しかありませんでした。ほとんどの学校では、紙の課題などを児童・生徒に配布し、自宅で学習させただけでした。大学においても同様で、一斉にオンライン授業への移行を表明したものの、多くの大学では準備が間に合いませんでした。このため学習（学修）が大幅に遅れ、それを取り戻すために長い時間がかかってしまったのです。

時代はデジタル化、社会は超スマート化

　明治以降、世の中は工業（化）社会を経て情報（化）社会へと変わりました。そして、これからはデジタル化がいっそう進んだ「超スマート社会」の時代を迎えるといわれています。狩猟社会から数えて5世代目になることから、「Society 5.0」（ソサエティごーてんぜろ）と呼ばれます。

Society 5.0では、現実の空間とサイバー空間がデータで結び付くことで社会的な課題を解決し、より快適な生活ができるようになると期待される（出所：内閣府作成資料）

内閣府はSociety 5.0を「サイバー空間とフィジカル（現実）空間を高度に融合させたシステムにより、経済発展と社会的課題の解決を両立する、人間中心の社会（Society）」と説明しています。これでは分かりにくいので、身近な例として健康管理を考えてみましょう。かつて自分の健康状態の把握といえば、体重計に乗ったり体温を測ったりすることくらいしかできませんでした。

それが今では、スマートウオッチを身に着けているだけで、心拍数や血中酸素濃度を測定し、心電図まで表示してくれます。運動量と消費カロリー、睡眠の状態なども確認でき、日々の健康管理に役立ちます。スマートウオッチから収集されたデータはインターネットを通じてクラウドで分析され、AI（人工知能）がその人に合った運動メニューなどを提案してくれます。今後は、同じような仕組みが日常生活のさまざまな場面で実現していくと考えられます。

学校は20年後の人材を育てられるのか

「学校は未来の人材を育てる場であるにもかかわらず、そこで実践されている教育方法は過去の踏襲である」と、多くの教育関係者が指摘しています。特に今は社会の情報化、デジタル化が進み、ほとんどの人の仕事や生活は、パソコンやスマホとインターネットなしには成立しなくなっています。ところが、前述のように学校ではチョーク&トークの指導が主流で、コンピューターなどのデジタル機器は「たまに使う特別な機械」でしかありませんでした。中学生でもスマホを使う時代の中、パソコンもネットも日常的に使わない学校教育が、子供たちにSociety 5.0時代を生き抜き、活躍できる資質・能力を身に付けさせることができるのでしょうか。

これまでの初等中等教育（小学校～高等学校）は、経済成長と人口増を前提とした大量生産・大量消費をする工業社会に適したシステムでした。一定以上の資質・能力を備えた均質的な人材を社会に供給するのに都合が良かったのです。児童・生徒は同じ時刻、同じ教室に全員が集まって同じ内容の授業を受けるスタイルが基本です。「児童・生徒が不平等にならないように」という配慮が先行し、どんな子供たちでも一様に6年間で小学校を卒業し、3年間で中学を修了します。高等学校でも事情はあまり変わりません。

しかし、高度にデジタル化された一方で、変化が速く先を見通せない今の時代において、社会が求める人材像は大きく変わろうとしています。工場での機械の操作やオフィスでの事務作業はロボットやAIが代替するため、AIやデータを活用して新しい価値を創造する力がなければ、「AIによって仕事が奪われる心配」は現実のものとなります。知識や技能を持っているだけでなく、AIにはできない

	工業社会	情報社会 ~ Society 5.0
社会システム	●大量生産・大量消費のために人が機械やシステムに合わせて働く社会 ●年功序列、終身雇用の人事制度	●AIやロボットが単純な労働を代替したり、人では不可能な能力を提供したりする超スマート社会 ●能力主義、ジョブ型の人事制度
主に支える人材	●一定以上の資質・能力を備えた均質的な大量の人材 ●経済成長を背景に、努力すれば誰でも中産階級になれる	●AIやデータを活用して新しい価値を創造する力や、人間らしい発想、表現力によってイノベーションを起こす力を備えた人材 ●能力や家庭資本の違いによる格差をICT活用教育で是正
人材育成システム	●同年齢の児童・生徒が同じ時刻、同じ場所に全員が集まって同じ内容の授業を受ける教育(一斉授業、形式的平等主義) ●教員から教えられる受動的・他律的な学習 ●卒業後に学ぶ機会が少なく、スキルアップも限定的	●誰もが、いつでもどこからでも、誰とでも、自分らしく学ぶ(個別最適な学習、ハイフレックス授業) ●学習者が主体となった自律的な学習 ●社会に出ても学び続け、継続的にスキルアップしていく

デジタル化された情報社会で求められる人材は工業社会のそれとは異なる。その傾向は、今後ますます強くなる。人材を育成する国の教育も、変革の必要性に迫られている

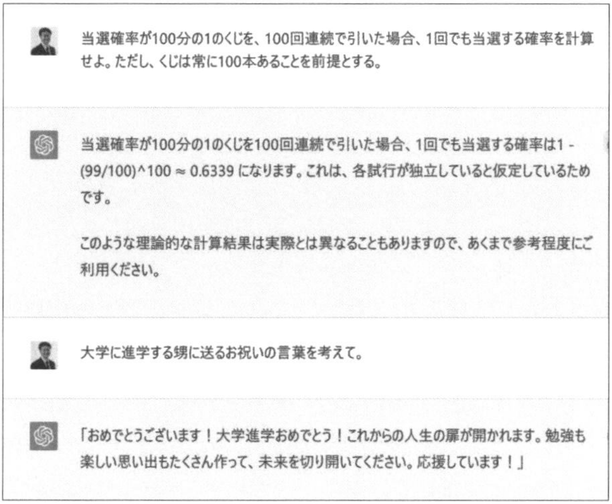

米OpenAIが公開した「ChatGPT」は世界に衝撃を与えた。さまざまな質問に対してAIが自然な言語で答える。具体的に指示をすれば、プログラムも作成してくれる。教育界では、その使用に関して議論が巻き起こった。2023年2月には、マイクロソフトが自社の検索エンジン「Bing」にChatGPTを組み込んだ

人間らしい発想や表現力によってイノベーションを起こす力を備えた人材こそが、これからの社会に必要なのです。従って、学校教育にもそうした人材を育てることが、社会から求められています。

個別最適な学びの実現が求められる

新しい人材を育成するには、学校の授業も進化する必要があります。最近は一斉授業だけでなく、ペアやグループで話し合ったり発表したりする協働学習や、学校・地域の課題解決を考えるPBL（Project Based Learning）などを取り入れ、学習者が能動的に学ぶよう工夫するようになってきました。

「令和の日本型学校教育」の姿として、「個別最適な学び」と「協働的な学び」が挙げられている（出所:中教審「『令和の日本型学校教育』の 構築を目指して～全ての子供たちの可能性を引き出す、個別最適な学びと、協働的な学びの実現～答申【概要】」）

2021年1月、中央教育審議会（中教審）は、「『令和の日本型学校教育』の構築を目指して」という答申を出しました。この中では、2020年代を通じて実現すべき「令和の日本型学校教育」の姿として、「個別最適な学び」と「協働的な学び」を挙げています。「個別最適な学び」は、2018年ごろから注目されるようになりました。先の答申では、「個別最適な学びが進められるよう、これまで以上に子供の成長やつまずき、悩みなどの理解に努め、個々の興味・関心・意欲等を踏まえてきめ細かく指導・支援することや、子供が自らの学習の状況を把握し、主体的に学習を調整することができるよう促していくことが求められる」としています。

教員の経験と熱意に頼った授業の限界

子供たちがそれぞれの資質・能力を伸ばし、Society 5.0時代に活躍できるようにするため個別最適な学びと協働的な学びが必要であっても、今の教育現場でそれを実現するのは容易ではありません。日本の義務教育課程の教員は多忙で、過労死が懸念されるレベルの長時間労働が問題になっています。外国に比べて課外活動の負担が大きく、ICT活用の遅れが事務作業の負担として教員を苦しめています。小学校において英語やプログラミング教育が必修化されるなど、取り組むべき教育内容も増えています。教員が児童・生徒と向き合う時間を増やしたくても、熱意だけではそれが難しい状況にあるのです。

2021年の法改正によって小学校は35人学級に移行しつつありますが、中学・高校では40人の生徒に対して1人の教員が授業をするのが基本です。その一方で、教室に集まる児童・生徒は多様です。学力に幅があるのはもちろん、学習に困難を抱える子供や外国人家庭の子供など、教員が特に目を配る必要がある子たちもいます。

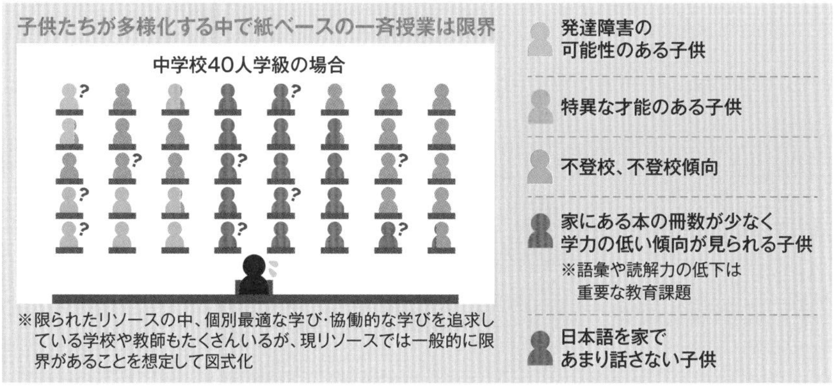

子供たちが多様化する中で、1人の教員が紙ベースの一斉授業だけでできることには限界があると指摘されている（出所：総合科学技術・イノベーション会議「Society5.0の実現に向けた教育・人材育成に関する政策パッケージ」）

教員は一斉授業をするだけでなく、子供たちの取り組みを見て回ったり（机間指導）、発言やテスト結果などを参考にしたりして、一人ひとりの理解度を把握しようとします。つまずいている子にはアドバイスを与え、学習が遅れている子には個別の指導をすることもあるでしょう。しかし、多くの児童・生徒を抱えた教員の目が届く範囲は限られます。

例えば、課題に取り組む児童・生徒を見て回っても、全ての子供に目を配るのは難しく、つまずいて手が止まっている子を見逃してしまうかもしれません。回収した課題やテスト用紙を見て、「この子はここでつまずいているな」とか、「答えは合っているけれど途中でやり直しているな」と見抜ける経験と時間がある教員ばかりとは限りません。大学の授業のように人数が多ければ、学生が教科書の適切なページを開いているかどうかを確かめることすら困難です。1人の目と耳で収集できる情報には限りがあるのです。

教員は多くの学習者に対して目を配り、適切な指導をすることが求められる。だが、人の目と耳だけで全ての学習者の学びをつぶさに見て取るのは難しい（イラスト：森 マサコ）

教員の若年化も、この課題解決を難しくしています。ベテランの教員であれば、児童・生徒の様子を的確に「見取る」ことができ、クラスの状況に応じて臨機応変に授業内容を調整することもできます。ところが、公立学校は教員採用を著しく絞った時期があるため30代後半から40代のベテランが少なく、人員不足を補うべく近年採用した若い教員が多いという、いびつな年齢構成になっています。経験が浅い教員が40代のベテラン教員と同じレベルで児童・生徒に目を配り、指導をするのは難しいでしょう。

こうした課題を解決できる切り札と期待されているのがラーニングアナリティクス（学習分析）です。次節では、ラーニングアナリティクスによって何が分かり、どんなメリットがあるのかを解説します。

江口 悦弘

第2節 ラーニングアナリティクスで「分からない」が分かる

個別最適な学びでは、教員が多様な学習者の特性や学習進度に応じて指導方法や教材を提供します。一方、学習者は興味・関心に応じて、自ら適切な学習活動・課題に取り組みます。これからはこうした学びが必要と分かっていても、現実には難しい状況にあることは前節で見てきました。第一の大きな壁は、一度に多数の学習者が受ける授業において、教員が知り得る情報には限りがあるという点でした。ところが、その状況がGIGAスクール構想や大学におけるパソコン必携化によって大きく変わりました。

教員の目となり耳となる

国が4300億円以上かけて整備した「GIGAスクール構想」によって、小中高等学校では児童・生徒が各自のコンピューターを使って学べるようになりました。大学などの高等教育機関においても、コロナ禍によるオンライン授業をきっかけに、パソコンとLMS（学習管理システム）の利用が広まりました。

GIGAスクール構想の最大の狙いは情報活用能力の育成ですが、それだけではありません。授業や学習にコンピューターとクラウドを使うことで、デジタル教科書・教材で閲覧したページや時間、クリックやメモ記入などの操作、受けたテ

分類	本人情報	活動情報（学習ログ）	挙動・生体情報
データの内容	学籍情報、成績評定、資格、ポートフォリオ	LMSの利用履歴、デジタル教材の利用履歴、テスト結果、レポート	発話、動作、視線、表情、脈拍、血圧

- どの教材を閲覧したか
- どの動画を視聴したか
- 教科書のどのページを開いたか
- ページをどれくらいの時間開いていたか
- 教材のどこをクリックしたか
- 教科書のどこにマーカーを引いたか
- どのテストを受けたか
- テスト結果　など

学習者に関するさまざまな情報を教育データと呼ぶ。ソフトやカメラ、各種のセンサーを使って収集する

ストの種類と結果といったさまざまな学習ログ（履歴）を記録できるようになります。大学においても同様に、LMS上での学生の活動がログとして残ります。

　ここで、スマートウオッチの例を思い出してください。人は歩いた歩数や心拍数を自分で知ることは困難です。しかし、人の代わりにスマートウオッチのセンサーが動きや歩数、心拍数を計測すれば、それらのデータを分析して消費カロリーや睡眠の状態を推測できます。ラーニングアナリティクスでは、学習者が使うコンピューターと学習用ソフトが、センサーの役割を果たします。また、これ以外にもカメラやマイク、スマートウオッチなどをセンサーとして使うことで、発話や動作、視線、脈拍などの挙動・生体情報を取得して分析する研究も進んでいます。さまざまなセンサーから学習者の情報を得ることによって教員の目と耳を拡張し、これまで見えにくかったものを可視化するわけです。

　得られたデータはラーニングアナリティクスで分析し、教員と学習者にフィードバックします。分析結果を基にAIなどを活用すれば、学習者ごとに適した教材や学習方法を提案したり、問題を抱えた学習者を見つけて支援したりできます。

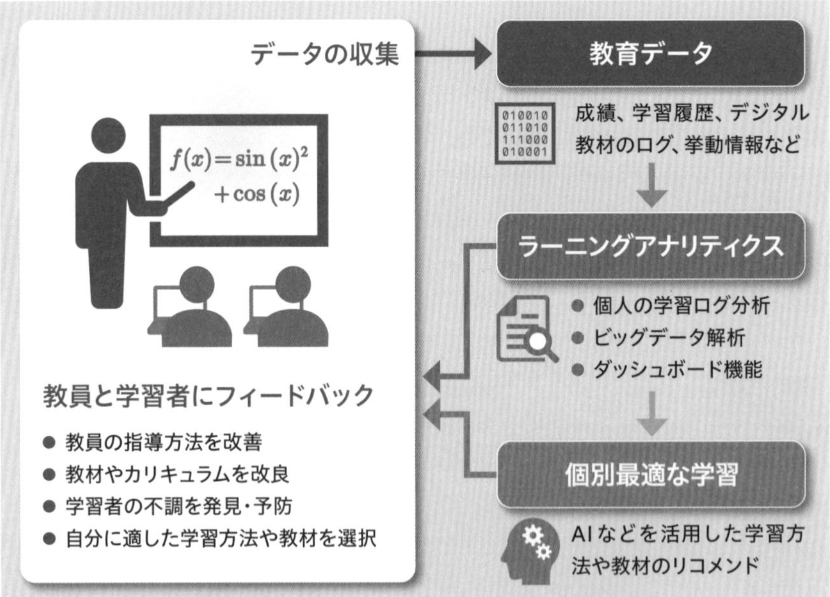

学習者のコンピューターなどから収集した教育データを分析し、教員の指導方法や学習者自身の学習方法の改善を検討できるようにするのがラーニングアナリティクスの役割。これにAIなどを活用した学習方法や教材のリコメンドを組み合わせれば、学習者一人ひとりに合わせた個別最適な学習が可能になる

見えなかったことが見えてくる

学術としてのラーニングアナリティクスは幅広い教育データが研究の対象になっていますが、ここでは既にツールが開発されて実用化または実践的な検証が進んでいる範囲に限定して話を進めます。これまでの授業や学習とラーニングアナリティクスによって実現する学びでは、何が異なるのでしょうか。代表的な3つの例で紹介します。

(1) これまで見えなかったものを学習ログによって知る
(2) 教育データを可視化、分析することで気付きを得る
(3) AIも組み合わせて指導と学習を個別最適化する

まず前述のように、ラーニングアナリティクスによってこれまでの授業や学習では物理的に見えなかった、知り得なかったものが見えるようになります。例えば、授業中に学習者が閲覧している教科書のページは、教員の目が届く範囲内であれば把握できます。一方、家庭などでの予習・復習で学習者がどの教科書をどれくらい読んだのかは、個別に聞かない限りは知りようがありません。教員が紙の教材やドリルなどの課題を持ち帰らせた場合も同じです。児童・生徒や学生がそれに取り組んでいるか、どれくらい進めたのかといった情報は、実際に紙を回収するまで分かりません。課題の提出日になって「実は終わっていません」ということもあるでしょう。

同じ課題を学習ログが取得できるデジタル教材で出すと、学習者が教材を開いたか、どこまで進めたか、課題の小テストの結果はどうだったのかといったことが、教員が分析画面を開くだけでつぶさに分かります。教科書をいつ、どれだけ読んだのかも、学習者ごとに確認できます。個別のデータだけでなく、クラス全体として学習が進んでいるか、ほかのクラスと比べてどうなのかといった分析も簡単です。学習者と教員がどこにいても関係なく、インターネット接続環境さえあれば、さまざまな情報を得られるのです。

課題に取り組んでいない学習者がいると分かれば、適切なタイミングで声を掛けるなど介入して学習を促せます。クラス全体の小テストの結果を事前に把握できていれば、それを受けて授業の内容を調整することも可能でしょう。課題に限らず、授業外の予習・復習も同じように状況を把握できます。これまで見えていなかった学習者の行動がデータとして可視化されることで、教員が持つ情報量は飛躍的に増えます。

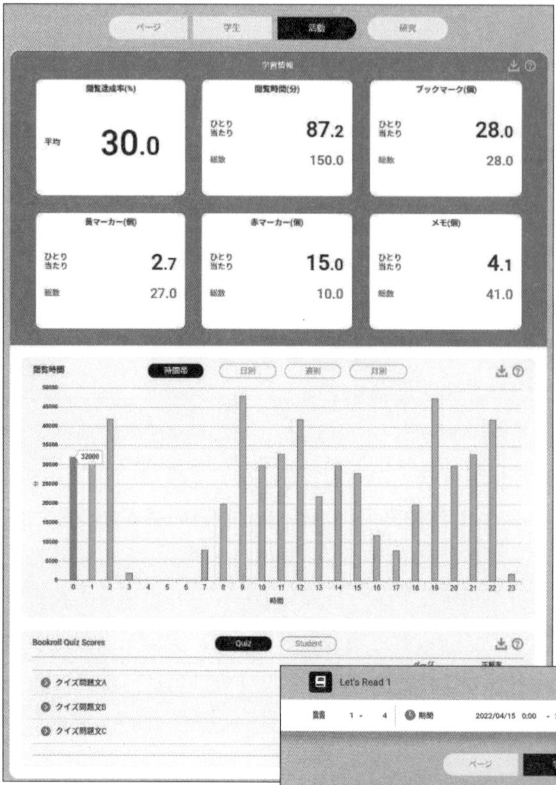

ラーニングアナリティクスのツールを使うと、学習者がデジタル教材上でどのような操作をしたのかが分かる。例えば、教科書・教材の閲覧時間、閲覧された時間帯、引かれたマーカーの数、小テストの正答率などだ。画面は京都大学 緒方研究室が開発・研究している学習ログ分析ツール「ログパレ」。ツールの詳細は第２章で解説する

デジタル教材の閲読率やマーカーを引いた数などを学習者ごとに確認できる。取り組みが遅れている学習者がひと目で分かり、声掛けができる

リアルタイムでも後からでも

　後から学習活動を確認することも可能になります。授業中に紙で課題やワークシートを配り、学習者が取り組んだとしましょう。前述のように教員は机間指導で学習者に目を配りますが、全員をくまなく見られるとは限りません。課題やワー

クシートを回収すれば、問題の正誤や書き込まれた内容は確認できます。しかし、紙に書かれたものは「結果」であって、学習者がどのようにしてそこへ至ったのかという「過程」を知るすべはありません。

ラーニングアナリティクスは、これまで知り得なかった思考の過程を可視化します。京都大学の緒方研究室が開発・研究している学習ログ分析ツール「ログパレ」には、学習者がデジタル教材上にスタイラスペンなどで書き込んだ筆跡を再現する「ペンストローク」機能があります。まるで録画のようにペンの動きを再現できるだけでなく、書くのにかかった時間が色分けして表示されます。このおかげで、どのような過程を経てその結論に至ったのか、学習者が悩んで手が止まった箇所はどこなのか、ひと目で分かります（第2章第2節、第3章第1節を参照）。

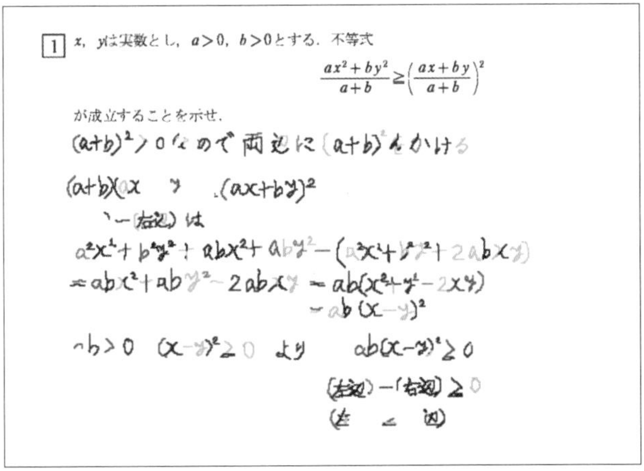

スタイラスペンなどで書き込んだ筆跡を後から再現できる機能を使えば、学習者は解法の振り返りに、教員は学習者の思考過程の確認に役立つ（出所：京都市立西京高等学校 教諭 田中英歳氏の発表資料）

紙に書かれた文字以上に後から確認することが難しいのが、授業中に学習者が発した言葉です。グループ学習などで話し合っている際、学習者の発言には新たなひらめきや誤解が含まれているかもしれません。しかし、教員が全ての学習者の言葉を聞き取るのは不可能。聞き逃せば気付かずに終わるでしょう。録音しておいて後から聞く手もありますが、膨大な時間がかかり現実的ではありません。

学習者の発話を記録・分析するシステムを使えば、授業中に記録した発言内容を話者ごとに時系列でテキスト表示したり、発話量をグラフ化したりできます。教員は特定の児童・生徒の発話量を簡単に確認できるのに加え、発話に出てくるキーワードを見て授業を分析できます。こうした挙動分析としては、教員の移動、学習者の挙手や視線についても研究されています。

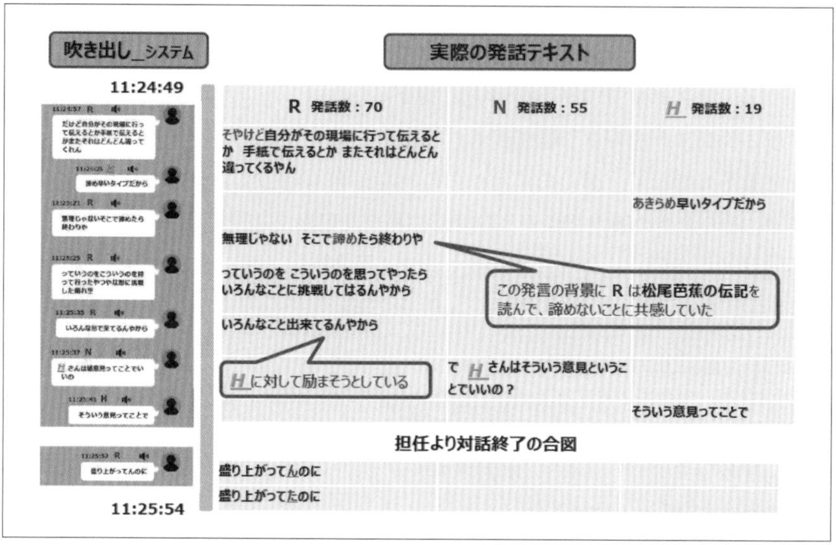

発話や挙動など、マルチモーダルと呼ばれる情報の分析も研究が進む。京都市は授業中の児童・生徒が話した言葉をコンピューターで分析できるシステムを導入した。発話内容のテキスト化や発話量のグラフ化が可能。グループでの学習では、授業後に発話データを児童・生徒にフィードバックし、振り返りなどに活用する（出所：文部科学省「令和３年度 先端技術の効果的な活用に関する実証成果報告会」京都市資料）

授業中に学習者の状況をリアルタイムで把握できることもラーニングアナリティクスの強みです。先ほど、人数が多い授業では学生が教科書の適切なページを開いているかどうか確認できないと書きました。ところが、ラーニングアナリティクスの機能を持つデジタル教科書であれば、学生が閲覧している教科書のページ番号が教員のパソコンにリアルタイムで表示されます。教員が説明しているページと学生が開いているページがずれていれば、授業のペースが速いか遅いかが分かります。

さらに、SNSの投稿に「いいね」を押すのと同じように反応を返せるようにしておけば、教員の説明を学生が理解したのか、難しいと感じたまま進んだのかといった情報をリアルタイムで得られます。こうした情報を基に、教員は授業のペースを調整したり、分からないという反応が多かった事項を改めて説明したりと、指導方法を即座に改善できるわけです。

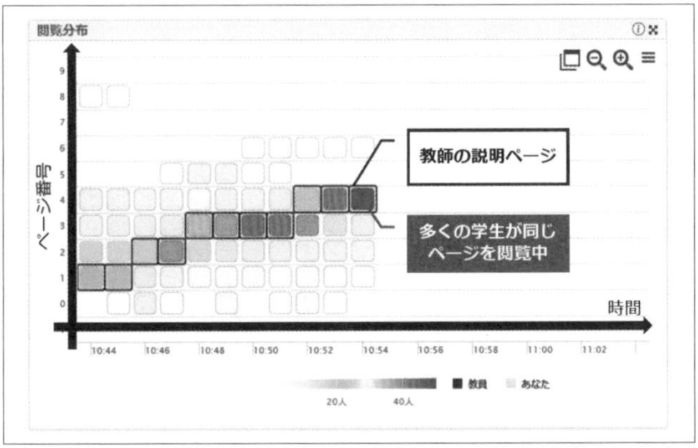

授業中に学生が教科書のどのページを開いているかチェックできる。ラーニングアナリティクスを使うと、こうしたリアルタイムの情報に基づく授業の調整が可能だ（出所：九州大学大学院システム情報科学研究院 教授 島田敬士氏の発表資料）

生徒の「分からないところ」を可視化

授業などで指導する人にとって、学習者が理解しているのか、難しいと思っているのかを把握しておくことは重要です。しかし、相手が数人ならともかく、数十人の内心を知ることは至難のわざです。「生徒は分かっているような顔をしていたが、実は全然理解していなかった」というような話はよく聞きます。そんな学習者の考えや理解度もラーニングアナリティクスで知ることが可能です。

京都大学 緒方研究室が開発した「BookRoll（ブックロール）」は、学習ログを記録できるデジタル教材配信システムです。学習者はデジタル教材上でマーカー引く、スタイラスペンなどで書き込む、テキストのメモを付けるといった操作ができます。例えば英語の授業において、教材の分からない単語に黄色のマーカー、大事だと思う部分に赤のマーカーを引くように指示します。多くの学習者が黄色のマーカーを引いた単語は、みんなが習得していない言葉だと分かります。教材において教員が重要だと考える部分と赤マーカーの位置が違っていれば、多くの学習者が重要なポイントを押さえていないと判断できます。

もちろん、経験豊富な教員なら、こうした手法を使わなくても「この教材ではここでつまずくだろう」とか、授業中の反応を見て「しっかり理解していない生徒が多いな」と気付くでしょう。ですが、実際にBookRollを使った教員からは、「多くの生徒を見る授業では限界がある。ラーニングアナリティクスを活用すれば、クラス全体の傾向も生徒個人の状況も把握でき、指導に生かせる」という声が聞かれます（第3章第1節・第6節を参照）。

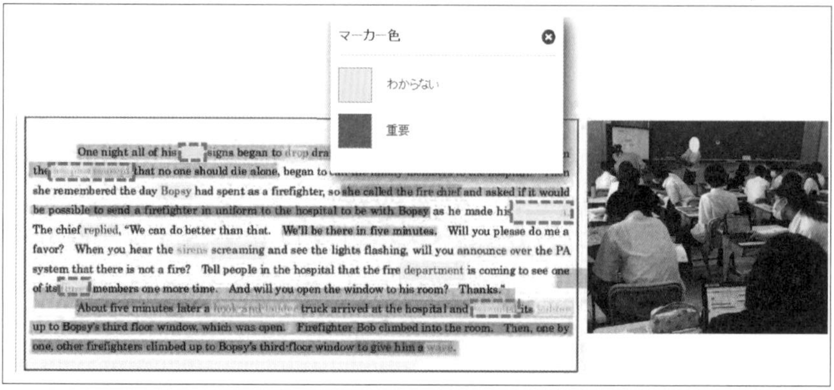

BookRoll上のデジタル教材に引かれたマーカーは、データを集約してヒートマップとして確認できる。色が濃い箇所ほど多くの学習者がマーキングしている

「何となく分かる」から「客観的に見る」へ

ラーニングアナリティクスで実現できることの2つめは、教育データを可視化、分析することで教員と学習者が気付きを得ることです。感覚的に分かっていても、データとして示されると「ああ、やっぱり」と納得することがあります。「このクラスの子たちは最近タイピングが上手になったな」と感じた場合、1分間の文字入力数をデータとして確認すれば、タイピングがどれくらい速くなったのか明確に分かります。データをグラフにすればより分かりやすくなり、数値の変化もつかみやすくなります。さらに、上達していない子を見つけたり、ほかのクラスと比較したりするのも容易です。子供の方も、「自分はクラスのみんなより入力が遅いから毎朝練習してみよう」といった気付きやモチベーションにつなげることができるでしょう。

授業全体を俯瞰（ふかん）して客観的に捉えようという試みもあります。教室にカメラとマイクを設置し、授業中の教員・学習者の音声と動きを記録します。そのデータをAIが分析し、学習者が挙手している、ノートを書いている、教員が教室を歩きながら指導（机間指導）をしているといった動作の情報に整理します。教員は授業後にグラフ化されたデータを見ながら、自身の指導が学習者にどのような影響を与えたのか、客観的に見ることができます。ベテラン教員と若手の授業を定量的に比較することで、具体的な違いや改善すべき点が見えてきたという例もあります。

デジタル教科書・教材上の活動を分析するだけでもさまざまなことが分かる。分析ツールのログパレでは、教材のページごとの閲覧時間、メモとマーカーの数などをグラフで確認できる

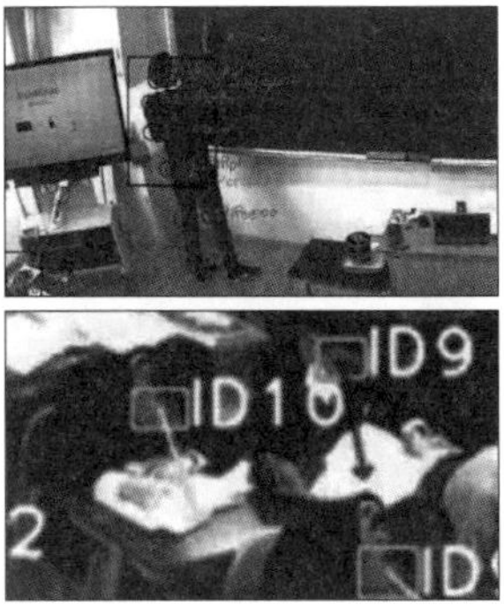

大阪府箕面市では、教室の天井部分にカメラを複数設置し、授業中の教員の発話量や児童・生徒の動きを可視化した。ベテラン教員と若手教員が同じ教科、同じ単元で同じ内容の授業を行い比較。その結果、子供同士の発話や交流が、授業に対する理解度や満足度に大きな影響を与えていることが改めて分かった（出所：文部科学省、「学校現場における先端技術活用ガイドブック（第2版）」）

学習者の不調を見逃さない

小中学校では不登校の児童・生徒が増え続けています。文部科学省の調査によると、2021年度の時点で小中学校の不登校児童・生徒はおよそ24万5000人にも達します。学校にとっても、保護者にとっても、不登校の児童・生徒を減らすことは喫緊の課題です。小中学校ばかりでなく、大学でもいわゆるドロップアウトする学生への対応に苦慮しています。コロナ禍でキャンパスが閉鎖された時期もあり、授業についていけなくても支援が受けられず、孤立からやがて大学に来なくなる学生が増えました。

こうした問題の解決には、早い段階での対処が大事だといわれます。しかし、教員は多忙な上に多くの児童・生徒や学生を見なければならず、学習者の不調を察知するのは難しいこともあります。そこで注目されているのが、ラーニングアナリティクスによる早期発見です。ある児童・生徒について、成績が急に下がった、遅刻・欠席が増えた、アンケートでネガティブな回答が増えたといった変化をシステムが検知し、不調の予兆として警告します。これにより教員や学校は早い段階で対応を考えられます。

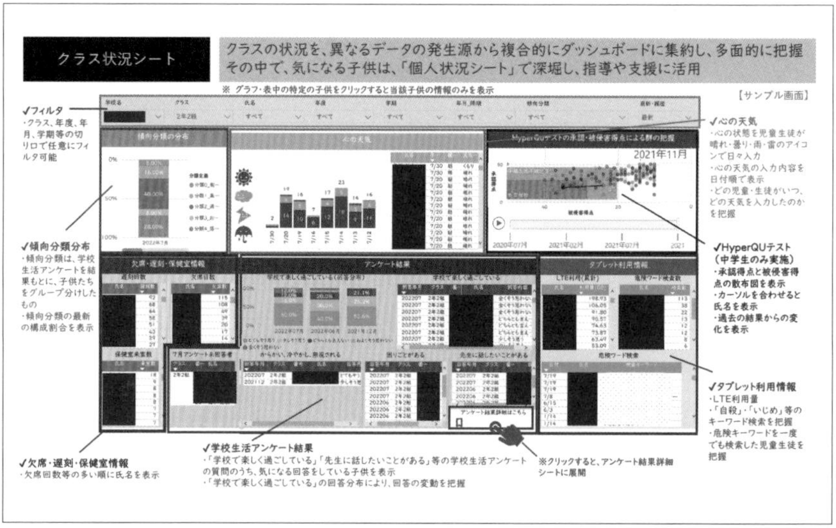

東京都渋谷区は「ダッシュボード」と呼ばれる情報集約画面を教員に提供している。アンケートの回答や出欠情報は学習ログではないが、児童・生徒の状況を知る有用な情報になる。遅刻が多い、ネガティブな回答をした、いじめや自殺に関わる言葉を検索したといった子供を把握できる（出所：渋谷区の発表資料）

大学の授業では、成績予測からドロップアウトを防止する手法も研究されています（第3章第5節を参照）。例えば、15週の授業で毎回小テストを実施した場合、初めの数回のテスト結果や出欠などのデータから、その学生の最終的な成績を予測します。仮に3回目の授業までのデータで、その学生が単位を取れないか授業に出なくなると予測されれば、教員は個別に声を掛けるなどの支援ができます。こうした情報がなければ、授業の初期段階でつまずいた学生はいつの間にか大学に来なくなり、単位を落としてしまうでしょう。

AIで個別最適な学びを目指す

教育データの可視化や分析によって、さまざまなことが分かり、授業と学習の改善が可能になります。ただし、そのためには教員がデータを読み取り、考え、学習者を支援するなどの行動を起こす必要があることも忘れてはいけません。どれだけたくさんのデータがあっても、行動に結び付かなければ意味がありません。教員は、データを分析するための時間がなかったり、負担になったりする場合もあるでしょう。そこをAIがサポートします。

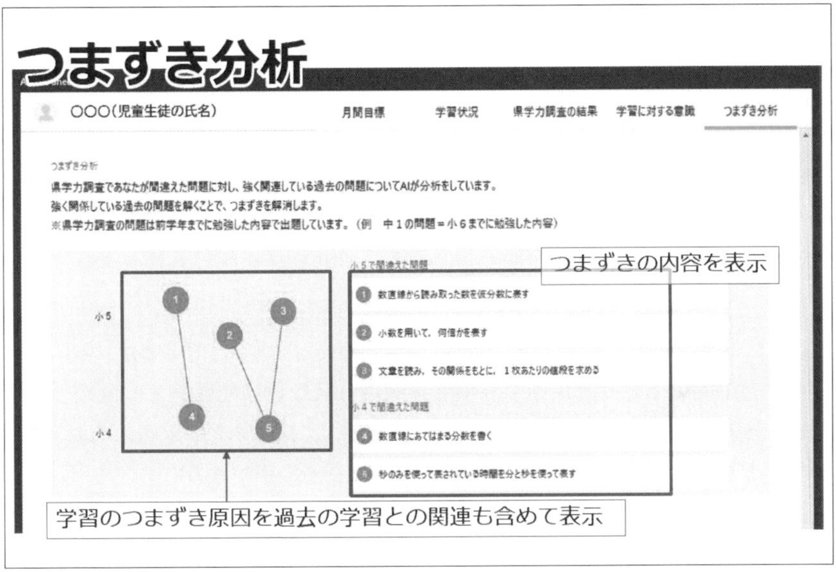

埼玉県教育委員会が実証したシステムでは、県の学力・学習状況調査において、受検者が間違えた問題に強く関連している過去問題を分析。過去の学習との関連も含めて学習のつまずき原因が表示される（出所：文部科学省「令和３年度 先端技術の効果的な活用に関する実証成果報告会」埼玉県資料）

テスト結果をAIで分析した事例としては、誤答を追っていくことで、つまずいたポイントを特定することに加え、他教科と関連したつまずきポイントも児童・生徒にフィードバックするシステムがあります。また、単元テストの正答率などの指標をAIの機械学習で分析した事例では、分数の足し算と引き算の単元において、「帯分数を仮分数にするときに分子を間違えてしまう」という分析結果を基に該当部分の演習をしたところ、ほとんどの児童が正答するようになったそうです。

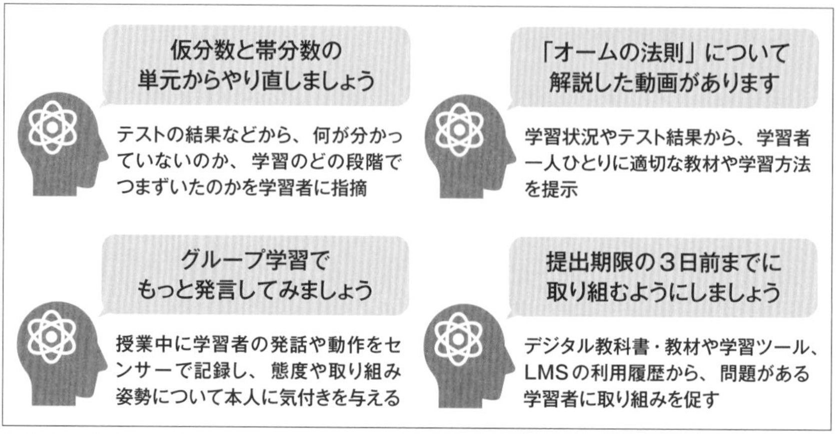

教育データを分析した結果から、さまざまなアドバイスやリコメンドが可能。分析と推薦にAIを活用することで教員の負担を軽減でき、学習者は自ら取り組める

AIがサポートする典型的な機能が、教材や問題の推薦（リコメンド）です。小テストやドリルの問題を学習者が解き、間違えた場合はAIが分析し、読み返すべき教科書のページや別の問題を提示します。系統的で積み重ねの学習が必要な算数・数学では、既に多くのAI学習ツールが提供されています。これまでであれば、教員が解答をチェックして個別に指導するのと同じようなことが、AIによって半ば自動的にできるわけです。AIは学習者一人ひとりの理解度に合わせた推薦をするので、学習が個別最適化されます。ラーニングアナリティクスは、データをAIが分析することで、さらに一歩進んだ学びを実現するのです。

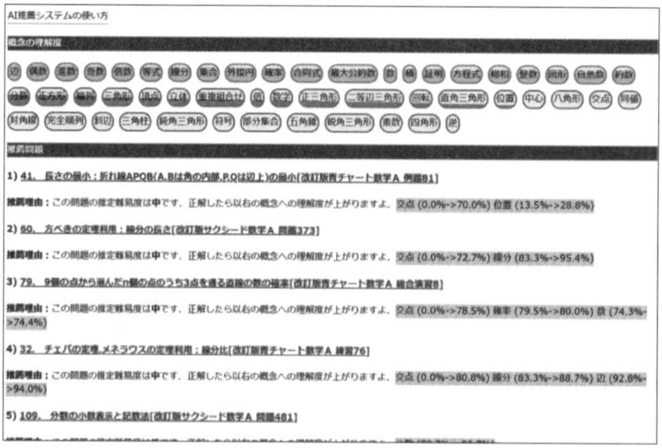

京都大学 緒方研究室が開発した「EXAIT（Educational Explainable AI Tools：エキサイト）」は、AIが問題を推薦するだけでなく、なぜそれを解くとよいのかを説明してくれる

江口 悦弘

第3節 教育にも求められる確かなデータとエビデンス

教育データとラーニングアナリティクスによって分かることと改善できることを、教員と学習者の視点で紹介してきました。ここでは、個人ではなく組織や自治体、国の視点で見たとき、ラーニングアナリティクスがどう役立つのかを解説します。

多くのデータを集めて分かること

同じ教育データでも、クラスや学年、学校単位で分析すると、新たな気付きが得られると期待されています。学習者が「分からない」と感じていることをクラス単位で集計し、同じ学年のクラス間で比較したところ、差があったとします。その差が教員（授業者）の授業内容や指導方法に起因するとすれば、授業改善によって差をなくすことが可能でしょう。より多くのデータを集めて、学校間、自治体間で比較・分析すると、さまざまなことが分かるはずです。個別の授業だけでなく、カリキュラムの段階から改善する余地があることが判明するかもしれません。

同様のことは、教科書・教材にもいえます。あるデジタル教科書の学習ログを分析したところ、学習内容とは直接関係のないイメージカットを拡大表示した児童が多かったことが分かりました。授業中のこうした操作は学習の妨げになる恐れがあるため、そのページは改良を検討すべきだと考えられます。

地方自治体や国全体から教育データを集めて分析し、より多くの知見を得ることも期待されています。これまで、全国規模の教育データは、全国学力・学習状況調査（全国学調）や文部科学省の各種アンケートなどがあるものの、量的にも内容的にも限られていました。児童・生徒が使う各自のコンピューターから日々学習ログが蓄積されれば、それらを匿名化した教育ビッグデータとして分析できるようになります。これにより、自治体ごとの教育方針や施策の違い、ICT活用度の差、教員研修の回数などが、児童・生徒の学力や学習意欲にどんな影響を与えているのか明らかになる可能性があります。

教育ビッグデータの分析は、違いや差をあぶり出すことばかりが目的ではありません。成績予測やドロップアウトの警告は、分析対象のデータが多いほど精度が高まります。より効率が高い学習方法や効果的な指導方法が、ビッグデータの中から見つかることもあるでしょう。データがあれば、自治体の施策や国の教育政策に効果があったのかどうかも確かめられます。逆の言い方をすると、データがなければ施策の効果を定量的・客観的に検証することは困難です。

対象	誰のため	目的の例
個人	学習者	●個人に適した教材や問題の推薦による学習効果の向上 ●過去や現在の学習データを用いた、理解度の予測などによる、個人の学習状況の把握
	教員	●クラス全体や個々の学習者のつまずき箇所の発見などによる教材や授業設計の改善 ●自動採点など、学習データの利用による教員の負荷の軽減
	保護者	●自分の子供の学習状況、学習意欲などの把握
教育機関	組織の管理者	●学習データに基づくカリキュラムの最適化 ●教員や学習者の最適な配置
国全体	政策立案者	●エビデンスに基づく教育政策の立案と評価
	研究者	●大規模な縦断的・横断的データを用いた学習者の成長過程の研究
	市民	●教育に関する諸問題をデータを用いて社会全体で議論

日本学術会議が「教育のデジタル化を踏まえた学習データの利活用に関する提言」の中で示した教育データの目的による分類。利用目的は、個人や行政、学習者や研究者といった立場によって変わってくる

EBPMが遅れている教育行政

昨今、行政の分野では「エビデンスに基づく政策立案（Evidence-based Policy Making：EBPM）」の必要性が訴えられています。国や地方自治体の政策立案は、一部の人間の主張や検証していない前例に従うのではなく、統計や指標などの客観的なデータによって得られたエビデンス（根拠、証拠）に基づいて検討するという考え方です。教育分野でも同様に、エビデンスに基づいて効果的な施策を立案すべきです。ところが、EBPMが最も遅れているのが教育行政の分野だとの指摘があります。

新薬の開発など医療分野で効果を測定するには、二重盲検法（ダブル・ブラインド・テスト）を用いたランダム化比較試験（RCT）を実施します。この試験は厳密で、比較の結果は信頼性が高いとされています。そうして取得した臨床試験

のデータによって、薬の有効性というエビデンスが得られ、副作用が出る確率なども明らかになるのです。

もちろん行政の施策、特に教育行政においてこれと同じ方法でエビデンスを得るのは容易ではありません。臨床試験のように被験者を無作為に選ぶのは困難です。加えて、一方のグループにだけ効果がありそうな教育施策を実行するのは、倫理的にも問題があります。とはいえ、A市が導入した教育施策に効果があったかどうかは、その施策を導入していない同じ規模のB市やC市と、データで比較すれば分かります。学術的な意味での「エビデンス」とは違っても、データの裏付けがある根拠があれば施策の立案と検証に役立ちます。

エビデンスは施策だけでなく、教員個人や学校単位での教育活動でも有用です。例えば、教員が工夫している授業方法や教材について、エビデンスがあれば効果を客観的に証明できます。それを学校の内外に広めたい場合も、エビデンスがあることで説得力を持たせられます。

国も教育データの利活用を推進

2020年9月、日本学術会議の教育データ利活用分科会は、「教育のデジタル化を踏まえた学習データの利活用に関する提言―エビデンスに基づく教育に向けて―」という提言を出しました。この中で、教育データ利活用の目的として(1)教員や学習者を含めた個々の教育・学習活動の支援(2)教育機関がカリキュラムなどの最適化を図る(3)国全体でデータを収集して政策立案者・研究者・市民などが利用するの3つを挙げ、エビデンスに基づく教育を促しました。

さらに、政府が設置した教育再生実行会議が2021年6月に発表した第12次提言では、「データ駆動型の教育への転換」という一歩踏み込んだ指摘をしています。データ駆動型(data-driven)の教育とは、「データによって得られたエビデンスに基づく教育」と同じ意味だと捉えて差し支えないでしょう。

こうした流れを受け、国の政策も大きく変わりつつあります。文部科学省は全国学調を順次オンライン化し、2025年度には教科調査でCBT(Computer Based Testing)を導入します。地方自治体が独自に実施するテスト(地方学調)においても、CBTを活用する動きが出てきました。全国と地方の学力調査がCBT化されれば、たくさんの教育データが蓄積できるようになります。また、国は国立教育政策研究所内に「教育データサイエンスセンター」を設置しました。

省庁や自治体が蓄積してきた教育に関する行政データや、政策立案に役立つ教育分野の研究成果・取り組み事例を集め、2023年4月から試行版を公開します。匿名加工した教育ビッグデータを大学や研究機関がラーニングアナリティクスなどの研究に使えるようになれば、きっとさまざまなことが分かるでしょう。

2022年1月には、デジタル庁、総務省、文部科学省、経済産業省が合同で「教育データ利活用ロードマップ」を発表しました。その目指すところは「誰もが、いつでもどこからでも、誰とでも、自分らしく学べる社会」であり、その実現のために教育データを活用するとしています。個別最適化した学びを現実のものとするには、教育データとその分析、フィードバックが欠かせないというわけです。

米国では、「No Child Left Behind Act」以降の法制で、各州において学力測定やデータ集約が義務化され、データに基づく改善が進みました。各種のデータは公開され、学校ごとに評価されます。日本でも政策決定のベースとなる客観的なデータが必要です。言うまでもなく、データ偏重になったり、データがないと政策を決められなかったりするのは危険ですが、何のエビデンスもなしに教育施策を立案しても、効率的な税金の使い方とはいえないでしょう。教育行政の分野においても、確かなデータとエビデンスが求められているのです。

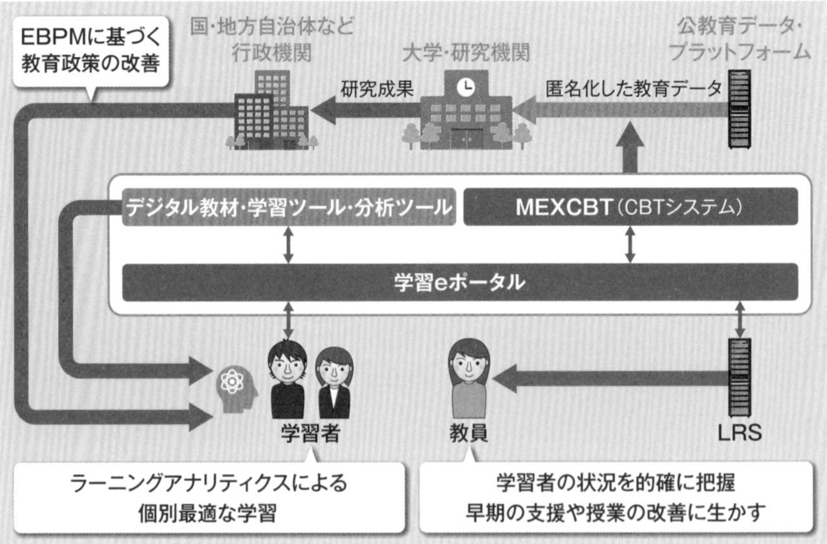

これからの初等中等教育では、教育データを活用して学習者と教員にさまざまな利益を還元する。教育ビッグデータの分析によって得たエビデンスに基づく政策立案も目指す。「MEXCBT」は文部科学省のCBTシステム

第
2章

ラーニングアナリティクス研究の最前線

京都大学の緒方研究室が開発した「LEAF」は、国内で最も進んだラーニングアナリティクスのプラットフォーム（基盤）です。デジタル教材配信システムで記録した学習ログを分析して可視化します。AIによる問題の推薦や手書き解答の分析、グループ学習支援、リアルワールドデータからのエビデンス抽出、教育データ分析コンテストなど、最先端の研究成果を紹介します。

緒方 広明、中川 あゆみ

第1節

LEAFの仕組みと連携ツールの機能

本章では京都大学 緒方研究室が開発・研究する「LEAF（リーフ）」について、最新の研究成果を交えて詳しく解説します。LEAFは、「Learning and Evidence Analytics Framework」の略称で、学習ログの収集とその分析をするラーニングアナリティクスシステムです。京都大学 緒方研究室は、生涯にわたる教育データの収集とその利活用に関する研究や開発によって教育活動を支援しています。

紙の媒体では収集できなかった学習活動のデータを科学的に分析することで、現状を把握し課題を見いだします。教員は授業改善や業務の負担軽減ができ、学習者は資質や能力を向上できるよう、それぞれに合った形、つまり個別最適化した学習支援を目指しています。

エビデンスに基づく教育を実現するLEAF

LEAFには次のような特徴があります。

(1) LEAFはオープンなシステムです。LTI (Learning Tools Interoperability) というツール間連携の国際技術標準を採用しているため、LTIに対応したLMS（学習管理システム）との相互運用性とシステムの拡張性があります。

(2) ほかのツールとデータ連係します。LEAFは学校単位で学習ログを分散管理することを想定しています。さまざまな教育機関に分散しているデータはブロックチェーン技術によって連結し、生涯にわたって使えるようにします。また、LEAFは学習ログの国際技術標準であるxAPI※形式に準拠しているため、ほかのシステムとのデータ連係も容易です。

(3) 信頼できるシステムを目指しています。LEAFでは、説明できるAI（人工知能）を用いたり、推薦アルゴリズムなどの透明性を高めたりして信頼性を向上しています。また、成績などの個人情報を扱うため、プライバシー保護に配慮しています。

(4) エビデンス（根拠、証拠）に基づく教育を実現します。学習者が自分のコン

※ xAPI (experience API) は学習者の活動履歴を記録する形式を定めた国際技術標準

ピューターで学習することにより、教科書の閲覧履歴やテストの解答履歴など、教育と学習のプロセスをきめ細かく蓄積できるようになります。これは「リアルワールド教育データ」と呼ばれ、LEAFはこのデータを分析してエビデンスを抽出できます。

(5) LEAFは人間中心のシステムです。AIを活用して学習支援やリコメンド(推奨)をしますが、最終的な意思決定は人間に委ねられています。学習者一人ひとりに適した教材やテスト問題を推薦するなど、人間中心の考え方に基づいて開発しています。また、学習に集中できるように使いやすいユーザーインタフェースを備えています。

LEAFを構成する4つのツール

LEAFは、LMS、デジタル教材配信システムの「BookRoll(ブックロール)」、学習履歴データベース(LRS)、学習データ分析ツールの「ログパレ」で構成されています。

LEAFはラーニングアナリティクスを実現するためのシステム(フレームワーク)で、4つのツールで構成されている

LMSは、学習者(児童・生徒・学生)の出席管理やレポート提出、成績管理などができます。「BookRoll」には、授業で使うデジタル教科書・教材を教員が登

録しておきます。学習者は教材を閲覧し、マーカーを引いたりメモを残したりします。インターネット接続環境があれば、いつでもどこでもパソコンやスマートフォンのWebブラウザーからアクセスできます。

LRSは、BookRollに登録された教材の閲覧や教材上での学習活動のログ(履歴)を記録します。ログパレは、そのログを分かりやすいリストやグラフとして表示するツールで、多様なデータをまとめて確認できます。

データ項目	内容(例)
学校データ	学校情報、科目名、時間割
授業設計データ	教育目標、カリキュラム、シラバス、指導内容
教材データ	教科書、補助教材、問題集
人的データ	教員や学習者の性別(同意があった場合のみ)、学年
学習評価データ	最終成績、小テスト・レポートの点数、入試情報、模試の成績
質問紙データ	学習時間や学習方法、家庭環境などの質問紙調査、 授業評価アンケート
学習活動データ	デジタル教科書・教材の閲覧履歴、LMS等の学習活動履歴、 eポートフォリオ、オンラインテストの解答時間

LEAFで扱う教育データの種類とその内容

LMSとBookRoll、ログパレが連携

LMSとBookRoll、ログパレは連携していて、シングルサインオン(SSO)ができます。SSOは、あるシステムにログインすれば、連携するほかのシステムにそれぞれログインしなくても利用できる仕組みです。LMSに一度ログインすれば、BookRollやログパレはそのまま使えます。これによりシステムやツールごとにユーザー管理をする必要がなくなり、登録者情報をLMSに一元化できます。学習者もツールごとにログインする手間が省けます。

「学習eポータル」対応の教育向けプラットフォームや、「Moodle」「Canvas LMS」「Sakai」など、LTIに対応したLMSであれば、BookRollやログパレと連携して利用できます。LEAFは主要なLMSで運用できるため、国内だけでなく海外で導入しやすいことも利点です。

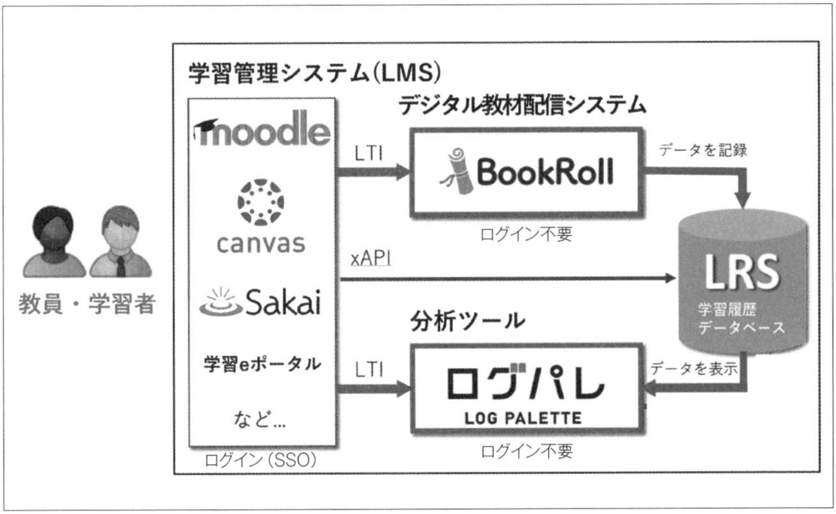

BookRollの学習履歴はLRSに蓄積され、そのデータをログパレで解析し、可視化する。LMSとBookRoll、ログパレはLTIという国際技術標準を使って連携する

LEAFを導入する場合、下図のようにLMSでコースや授業を設計し、BookRollで教材を配布、学習者の学習活動をログパレで把握するという利用モデルを推奨しています。デジタル教材のビューワーは数多く存在し、単純な学習データであれば表示できる製品もあります。しかし、BookRollは詳細な操作ログを記録し、ログパレによってさまざまな角度から分析できることが最大のメリットです。

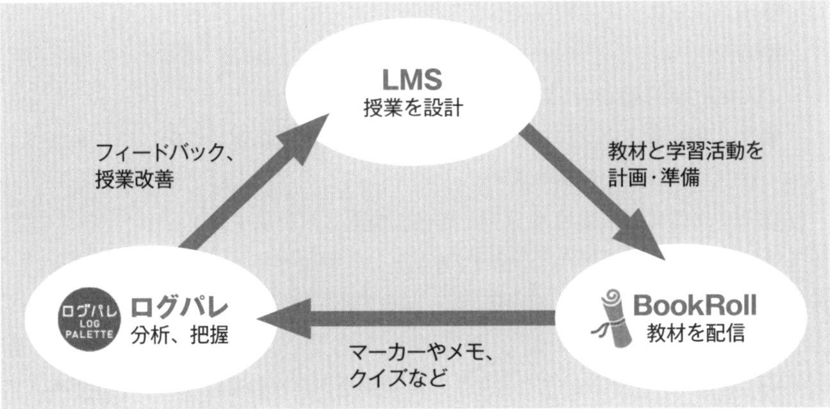

LEAFの利用モデル。授業を設計、学習ログを分析、それを授業改善に生かすというサイクルを回す

教員は、どの時間帯にどの教材へのアクセスが多いか、どのページに時間がかかっているか、どんなプロセスで解答したのかなどをデータとして知ることができます。そこから学習者に対して学びの提案やアプローチ方法を工夫する機会が生まれ、教員の指導方法が広がる可能性があります。

学習ログをほかの教員と共有し、指導についてデータに基づく新しい視点で話し合うという使い方も考えられます。さらに、保護者と学習データの共有ができると、学習者がいつどのように、どのくらい学習しているのかを理解してもらいやすくなります。

システム	利用方法
LMS	授業を計画（コース作成、参加者登録など）
BookRoll	教員：PDF教材を登録、授業と学習者の活動を計画 学習者：教材を使った学習活動（マーカーやメモ、クイズなど）
ログパレ	教員：学習活動の分析と把握 授業内容の改善や学習者へのフィードバックに活用 学習者：自分の学習活動の傾向やほかの学習者の状況を把握

BookRollとログパレ、LMSの利用方法

LEAFを利用するためには以下の環境が必要となります。

- LMSを利用するためのサーバー
- パソコン、タブレット、スマートフォンなどの端末（OSは問わない）
- インターネット接続環境
- Webブラウザー（「Chrome」を推奨、「Edge」「Firefox」「Safari」も利用可能、「Internet Explorer」は利用不可）
- タッチ対応のパソコンやタブレットで手書き解答をする場合は、スタイラスペンがあると使いやすい

LMSは2023年2月現在ではMoodleを推奨していますが、LTIでツール連携する機能を持つものであれば、ほかのLMSでも利用できます。学習履歴を記録・分析したい場合は、LMSのログをxAPI形式で出力する機能も必要です。

LEAFを導入することで、デジタルならではのデータ収集が可能になり、教員は可視化されたデータによって学習者の学習履歴や学習到達度などを把握できます。授業前、授業中（リアルタイム）、授業後のデータをそれぞれ確認できるため、目

的に合った使い方ができます。

デジタル教材を使うことにより、ほかの教員の授業方法を知ったり、教材を共有したりしやすいのも利点です。また、紙の課題プリントを人数分準備して配布・回収するのは手間になるため、業務の削減にもつながります。学習者は、ネット環境さえあれば学内だけでなく通学途中の電車やバスの中、家庭でもアクセスして学習できるため、学習の機会を増やすことができます。

LMSはBookRollやログパレへの入口

ここからはLEAFを構成する各ツールについて詳しく解説します。まず、LMS(Learning Management System)は一般に教材の登録・管理機能に加えて、学習者がログインして学習する受講機能、教員や管理者が出欠や成績を管理する機能、掲示板やメッセージなどのコミュニケーション機能を持っています。

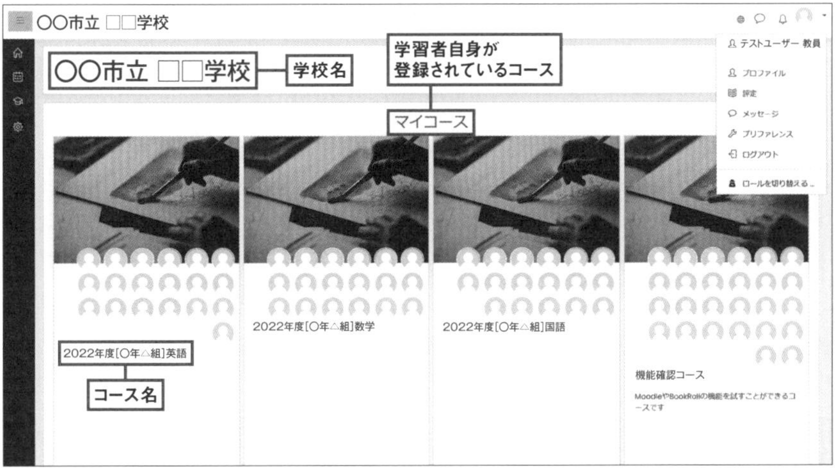

Moodleにログイン後、最初に表示される画面(教師ロール)。学習者自身が登録されているコースが「マイコース」として表示される

多くのLMSがありますが、京都大学緒方研究室の実証校では主にMoodleを利用しています。Moodleは無料で提供され、サーバーを用意すれば使えます。初めにオンライン学習をするためのコースを、学年、クラス、教科ごとに作成し、BookRollやログパレなどの外部ツールと連携させます。LMSは主にBookRollや

Moodleのコース画面からBookRollやログパレを開く。システムメンテナンスなどLEAF全体に関するお知らせの表示や学習者への介入メッセージ送信など、システム全体を効果的に利用するための補助としても使う

ログパレを使うための入り口として使い、ツールに慣れてきたら教員自身が自主的に工夫してMoodleを活用します。

BookRollはデジタル教材の配信システム

前述の通り、BookRollは教員がデジタル教材を登録し、学習者に配信するシステムです。学習者は教材にマーカーを引いたり、メモを残したりできます。デジタル教材には教科書や問題集に加え、課題プリントや授業で使う資料、クイズ（小テスト）、お知らせプリントなどがあります。教材は全てPDFでの登録が必要です。教材と一緒にMP4形式などの音声ファイルも登録できます。

BookRollにPDFの教材を登録し、学習者が閲覧できるようにする

BookRoll上では次のような学習活動ができます。

- 教材を閲覧する
- ブックマークを付ける
- 重要な部分や分からない部分にマーカーを引く
- メモや質問を書く（テキスト、手書き）
- キーワードで教材内を検索する
- クイズに解答する
- リコメンドボタンから外部のコンテンツにアクセスする

こうした学習活動は学習履歴データベースに記録されます。

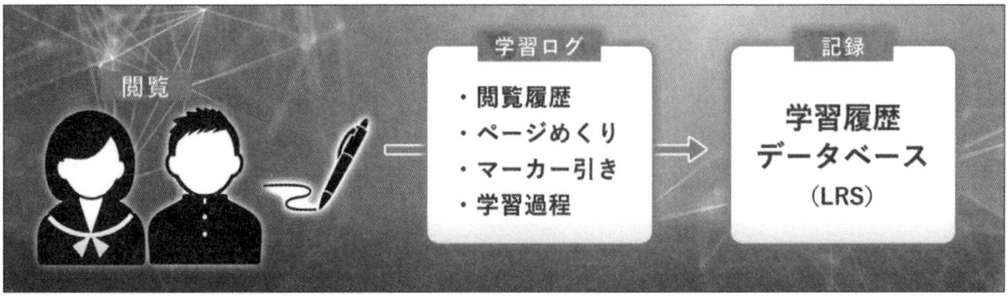

BookRoll上での学習者の活動は、ログとして学習履歴データベースに保存される

BookRollの主な機能

BookRollには、「教師ロール」と「学生ロール」という2つのモードがあり、それぞれできることが異なります。教師ロールでは主に教材の配信やクイズ機能などの設定をします。学生ロールでは主に教材を閲覧し、マーカーを引いたりクイズに解答したりします。

BookRollの機能	教師ロールでできること	学生ロールでできること
教材	教材のアップロード、 更新、削除	教材の閲覧 学習活動（マーカーやメモなど）
リコメンドボタン	リコメンド先のURL登録 クイズの設定	リコメンド先の閲覧 クイズへの解答
ディレクトリ管理	ディレクトリの作成、 編集、削除	—

BookRollの教師ロールと学生ロールでできること

教師ロールのホーム画面では、ディレクトリの作成・管理、教材の登録や更新ができます。一方、学生ロールのホーム画面では、シンプルに教材一覧と教材検索をするようになっています。

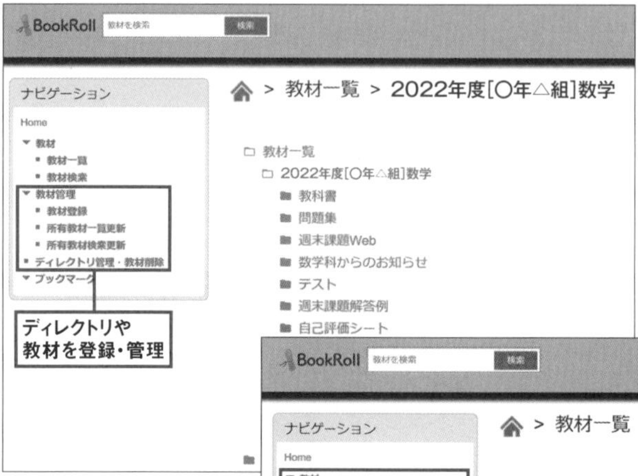

BookRollの教師ロールのホーム画面

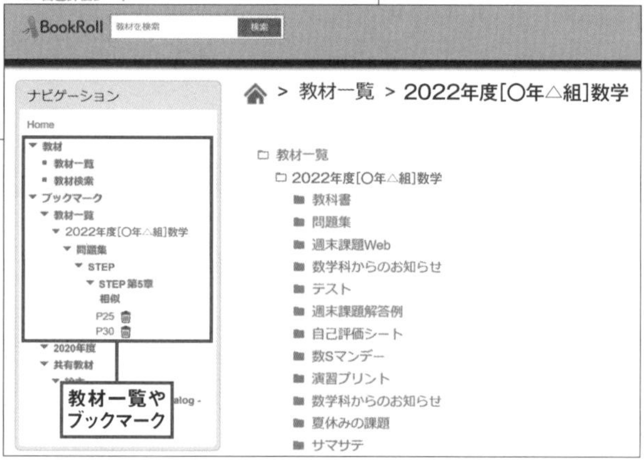

BookRollの学生ロールのホーム画面

教材画面では、主にマーカーやメモ、クイズ機能が使えます。そのほか、辞書やブックマーク、本文検索機能もあります。

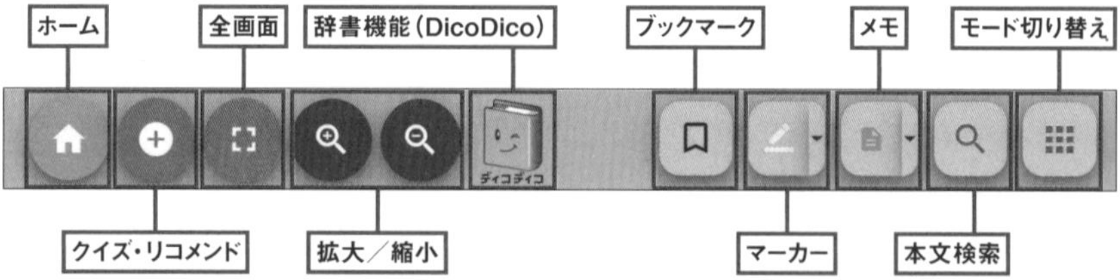

BookRollの教材画面で操作するアイコンと機能

マーカーを引く際の色は、重要な部分は赤、分からない部分は黄色が基本です。例えば、英語の長文を要約する際には、重要な文章に赤のマーカーを引きながら読み、要約するときの参考にできます。分からない単語には黄色のマーカーを引くことで、教員は学習者の理解度を把握でき、学習者はBookRollで復習する際にどの単語を学習すればよいかがひと目で分かります。2色のマーカーは柔軟な使い方ができます。例えば、教員の質問に対する答えとなる部分に赤のマーカーを引くように指示すれば、解答を素早く把握できます。

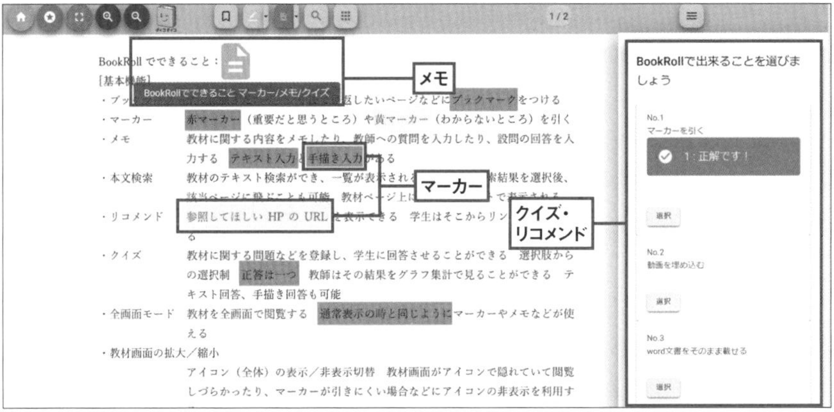

教材画面ではマーカーを引いたりメモを残したりできる

メモ機能にはテキスト入力と手書き入力があります。テキスト入力は、教材に関する質問やメモとして残したいこと、授業の感想や振り返り、教材上の問いへの解答などに使います。手書き入力は、教材上に直接メモを記入したい場合、例えば数学の解答プロセスを学習者が入力し、教員がログパレを使ってそれを把握する場合などに役立ちます。

クイズ機能は、教材にある問題と解答選択肢を入力しておき、教材そのものを小テストとして活用できます。また、教材に対する理解度を測ったり、クラスで必要なアンケートに使ったりできます。

リコメンド機能には、教材に関してより理解を深めるために参照してほしいURLを設定しておきます。学習者が「クイズ・リコメンド」ボタンをクリックすると、そのWebページが開きます。

辞書機能は「DicoDico」と呼びます。教材上の分からない英単語にマーカーを引いて、辞書アイコンをクリックすると、英語と日本語で意味が表示されます。このとき、マーカーの色は問いません。また、直接単語を入力して一般的なデジタル辞書のようにも使えます。英語の本を読む際や長文読解の復習時などに、英単語の意味を手軽に確認できます。

ブックマーク機能は、後で参照したいページや重要だと思うページにしおりを追加します。ブックマークを付けておくと教材名とページ番号がホーム画面に表示され、直接そのページを開くことができて便利です。

本文検索機能では教材内のキーワード検索ができ、検索結果がBookRoll上に一覧で表示されます。この機能を使うには、教材PDFがテキスト情報を持っているか、もしくはOCR処理によってテキスト情報を埋め込むなどして、教材の内容を認識できるようになっている必要があります。PDFが単なる画像などでテキスト情報がない場合は検索できません。

教員と学習者がBookRollをどのように使うかについては、第4章で具体的な操作方法を説明します。

学習活動をログパレで分析

BookRollの一番のメリットは、デジタル教材を閲覧したりマーカーを引いたりするだけでなく、学習データ分析ツールのログパレと連携して学習者の学習活動を把握できることです。ログパレでは、学習者が閲読した教材のページ、残したメモ、引いたマーカーなどの活動履歴を可視化し、詳細に分析できます。教員や学習者に分析結果をフィードバックすることで、授業内容を見直したり、学習プロセスの改善につなげたりできます。

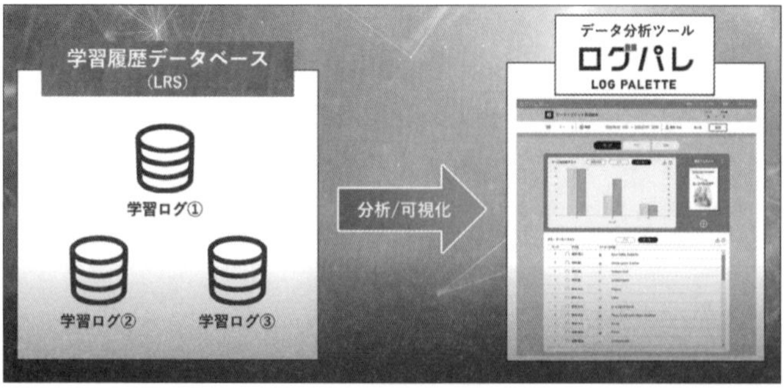

ログパレはLRSに蓄積されたデータを分析・可視化できる

ログパレは教員と学習者がそれぞれに利用できます。教員はデータに基づいて学習者の授業理解度を把握します。それを基に、学習者に適した復習問題を提案します。必要に応じて教材を改善し、次の授業設計に役立てます。学習者は、自分が苦手な部分の把握など、主に学習活動の振り返りに活用します。

ログパレには数多くの機能があります。それらを大きく分けると、「教材や学習状況の把握と分析をする機能」と、「さまざまな研究用の分析機能」になります。

<table>
<tr><th>教材や学習状況の
把握と分析</th><th>研究用の分析</th></tr>
<tr><td>（1）ページパネル
ページ別分析グラフ
教材サムネイル
メモ&マーカーリスト</td><td rowspan="3">【1】AI推薦・ペンストローク
【2】グループ編成
【3】Active Reading&DicoDico
【4】GOALシステム・多読ER
【5】BOLL
【6】エビデンスポータル</td></tr>
<tr><td>（2）学生パネル
フィードバックパネル</td></tr>
<tr><td>（3）活動パネル
学習情報（平均値）
閲覧時間（時・日・週・月別）
クイズ成績</td></tr>
</table>

ログパレが備える主な機能。大きく2つのグループに分けられる

教材の閲覧状況を確認して指導を改善

教員はログパレを使って、どの学習者がどれくらい教材を閲覧しているか、教材のどの箇所でつまずいているかといったことを確認できます。クラス（コース）全体の学習者の状況も表示されるので、個々の学習者がそのクラスでどの位置にいるのかが分かり、一人ひとりに合った声掛けや指導につなげられます。

具体的にどんなことが分かるのか、ログパレの画面で見てみましょう。分析画面には、BookRoll上での活動量や学習履歴の集計結果が表示されます。教員はコースに登録されている学習者全体や個別に選択した学習者のデータを閲覧できます。学習者も自分の学習履歴を確認できます。

ログパレの学習分析機能は（1）ページパネル（2）学生パネル（3）活動パネルの３つに分かれています。それぞれの特徴を順に紹介します。

まず「ページパネル」は、「ページ別分析グラフ」「教材サムネイル」「メモリスト・

マーカーリスト」で構成されています。ページ別分析では、教材のページごとに閲覧時間、メモとマーカーの数がグラフで表示されます。教材サムネイルでは、教材のどの箇所にマーカーが引かれているかを確認できます。メモリストとマーカーリストでは、下図のように学習者の名前とそのメモが一覧表示されます。

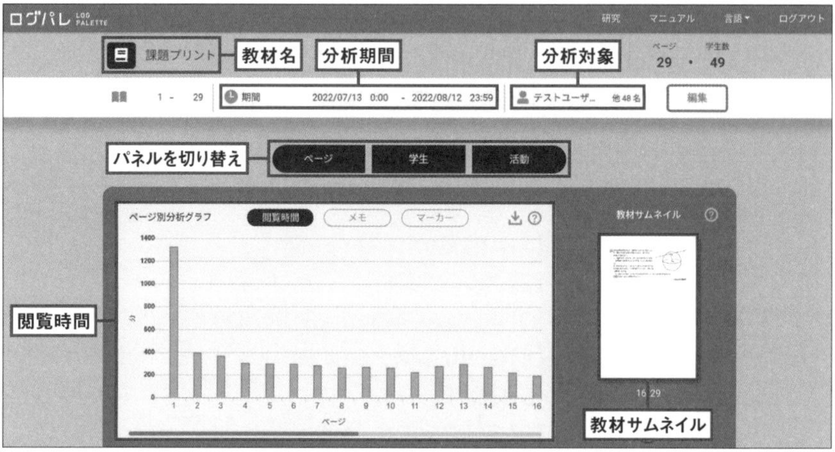

ログパレの教員用画面では、学習活動を３つのパネルを切り替えて確認する

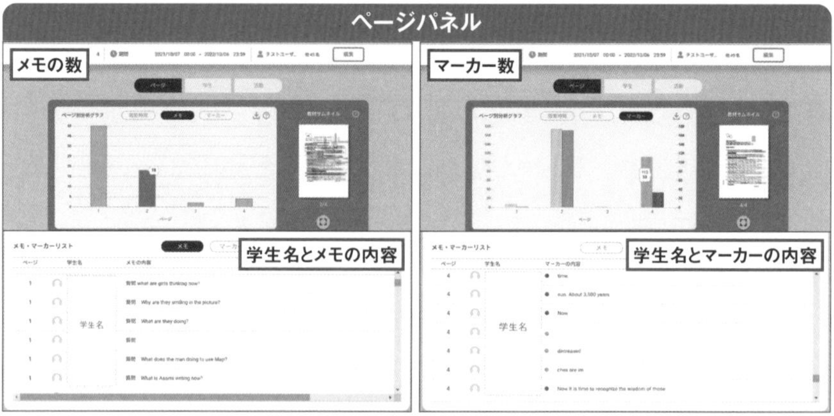

ページパネル：メモとマーカーの分析画面（教師ロール画面）

このようにページパネルではさまざまな情報を確認でき、教員は学習者の状況を的確につかめます。それを授業の内容や指導方法に生かすことで、学びの質向上を図れます。具体的には、次のような活用法があります。

ページ別分析（閲覧時間）

ページごとの閲覧状況を確認し、閲覧時間が短いページの内容を見直す
必要に応じて教材を更新する

メモリスト

教材に関する質問や授業の振り返りの内容を確認し、次の授業で回答やコメントをする

マーカーリスト

学習者がどの部分を重要だと思っているか、どの部分が難しい、または分からないと感じているかを、マーカーの引かれた位置や色によって確認する。学習者が重要な部分を押さえているのかを把握する。「分からない」が多い部分については、次の授業でフォローしたり、教材を改善したりする

ページパネルで確認できる分析結果を生かす方法

学習の進捗を把握して働きかける

2つめの「学生パネル」は、各学習者の活動量を表やグラフで表示します。教材の閲覧達成率やマーカー、メモの数などの活動項目を数値で確認できます。

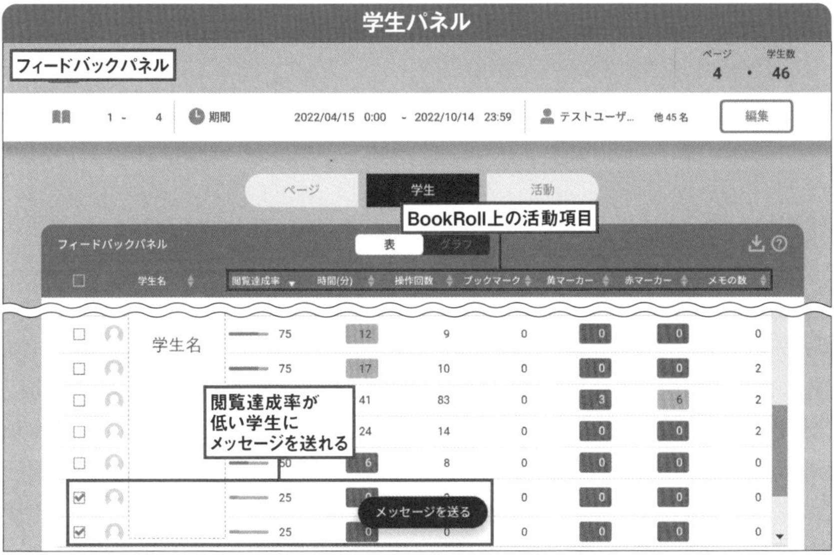

「学生パネル」の中に、「フィードバックパネル」という画面がある。ここでは学習者それぞれの活動量が分かる（教師ロール画面）

教材の閲覧達成率と時間

どの学習者が教材をどこまで、どのくらいの時間読んでいるかを確認することで、予習・復習や家庭学習の状況を把握する。メッセージ機能を使って、進捗が遅い学習者に学習を促すことも可能

マーカーとメモの数

どの学習者がマーカーやメモを残しているかを確認し、教材への取り組み姿勢を見取る

「学生パネル」を指導に生かす方法の例

3つめの「活動パネル」には、「学習情報」「閲覧時間」「クイズ成績」という3種類の画面があります。学習情報では、クラス全体または学習者ごとに、教材の閲覧達成率やマーカーとメモの数などの平均値が表示されます。閲覧時間の画面には、BookRoll上での活動量が学習者ごとに表示されます。月、週、日ごとに、教材の閲覧時間がグラフ表示され、閲覧時間帯も分かります。クイズ成績の画面では、BookRoll上のクイズの解答率や正解率を確認できます。

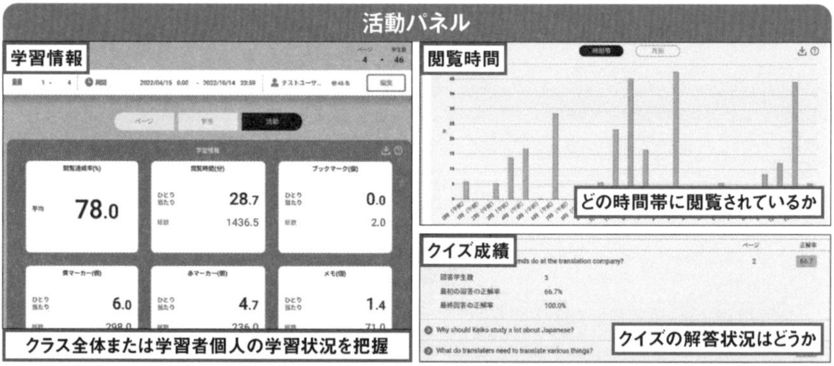

「活動パネル」に表示される学習情報、閲覧時間、クイズ成績（教師ロール画面）

分析対象が「学習者1名」や「任意で選択した複数の学習者」

クラス全体の平均と分析対象者の状況を比較し、対象者がクラス全体でどの位置にいるのかを把握する

分析対象が「クラス全員」

クラス全体の学習状況を数値で確認できる。利用履歴が少ない学習者のドロップアウトの傾向を検知し、対策を検討する

活動パネルで考えられる活用方法

教員は活動パネルから得られる情報を使うことで、新しい視点からの見取りや指導のきっかけにできるでしょう。これまでの教員の経験に基づく見取りや指導方法に対しても、具体的なデータが裏付けとなるはずです。もちろん、学習者自身にもメリットがあります。自身の状況を数値やグラフなどで客観的、視覚的に捉えることにより、自分は何を理解できていて、どんなところが苦手なのかを的確に把握できます。それにより、自分が学習したプロセスを意識でき、次の学習に対するモチベーションの向上につながるでしょう。

多彩な研究向け分析機能

ログパレには授業や学習に使う分析だけではなく、ラーニングアナリティクスに関連する研究向けの機能（ツール）もあります。各機能とその研究成果の詳細は次節以降で解説します。ここでは簡単に紹介しておきます。

【1】AI推薦（EXAIT）、ペンストローク（第2節参照）

BookRoll上の演習問題の学習者の解答状況を分析し、各学習者の習熟度に応じて適切な問題を推薦します。また、学習者による推薦機能の利用状況を分析し、教員にフィードバックします。「ペンストローク」機能ではスタイラスペンなどで書き込んだ筆跡情報を確認できます。学習者が書いた手書きメモの軌跡を再現してプロセスを確認することで、学習者の考え方や理解度を把握できます。

【2】グループ編成（第3節参照）

グループワークなどに必要な学習者のグループを自動で編成する機能です。事前にテストなどの点数、読書スタイル、活動量や以前のグループワークでの評価などを登録しておくと、それらに応じて同種／異種のグループを素早く作成できます。ピア評価機能を使って、グループメンバーに対する貢献度などの評価やコメントを相互に入れることも可能です。

【3】Active Reading & DicoDico（第4節参照）

「Active Reading」は、学習者が授業中に行ったアクティブリーディングに関する操作ログを分析し、アクティブリーディングに関するスキルを可視化します。これによりつまずきを確認し、次にどのポイントに注意して学習を進めるべきなのかを確認できます。「DicoDico」は、学習者または学習者のグループによって行われた辞書検索の一覧を表示します。

【4】GOALシステム（第5節参照）

多読や英単語学習、テスト、運動量や睡眠時間について、学習者が目標や計画を立て、モニタリングと振り返り、計画の見直しと実行を繰り返しながら、自己主導能力を育成することを目指すシステムです。学習者はGOALシステムに自分の運動や学習状況を記録して管理します。教員は学習者の活動状況を閲覧、分析できます。

このほかに「多読（Extensive Reading）」があります。各学習者が読んだ英語の本のタイトルや難易度、1分当たりの読書文字数と達成率が表示され、多読状況を把握できます。どれくらい本を読むのか、どれくらいのスピードを目指すのかなど、多読の目標や計画を立てて実行する自己主導型の学習を促します。

【5】BOLL（第6節参照）

ブロックチェーン技術を用いて、さまざまな学校の学習記録を接続して管理できるようにする生涯学習ログの連結システムです。小学校から大学までの学習ログを連結し、学習者のプライバシーを保護した上で安全にデータを交換できます。学習記録の概要、通った学校、その成績・証明書を表示します。そうした情報を共有する権限は学習者自身が管理できます。

【6】エビデンスポータル（第7節参照）

教員間でBookRoll活用の事例を共有するための場所を提供します。ユーザーは投稿されたBookRollの活用事例を閲覧し、自身の活用方法に対する検証や参考にします。

高見 享佑、戴 憶菱 、フラナガン・ブレンダン

第2節

説明できる人工知能 EXAIT

京都大学 緒方研究室では、内田洋行との共同研究で2020年10月から2025年3月まで「学習者の自己説明とAIの説明生成の共進化による教育学習支援環境EXAITの研究開発」という大規模プロジェクトに取り組んでいます。これは、新エネルギー・産業技術総合開発機構（NEDO）が実施している実証事業「説明できるAI」のテーマの一つです。

信頼できるAIが必要

近年、教育の分野でAIを活用する動きが広がっています。その中でも、特に注目されているのがディープラーニングです。データの入力から出力まで多数

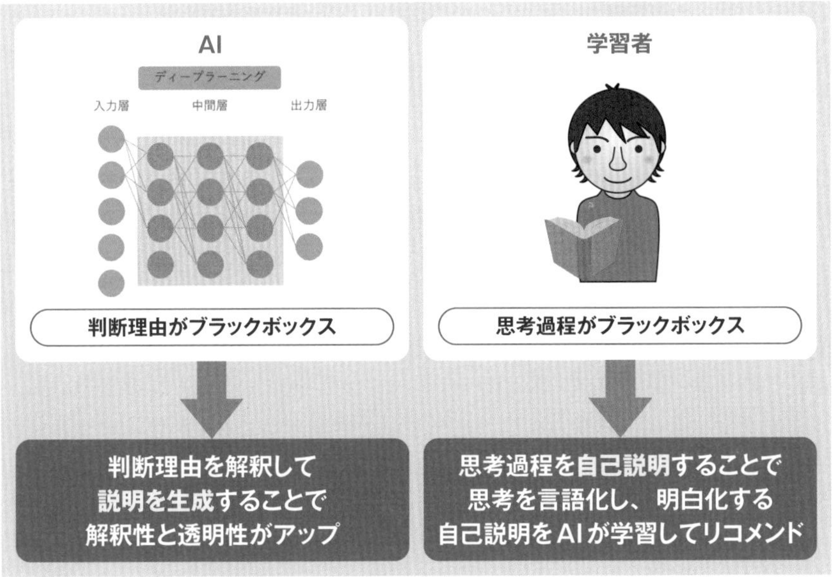

AIは判断理由が、学習者は思考過程がブラックボックスになっている

の層を重ねたニューラルネットワークを使うことから、深層学習＝ディープラーニングと呼ばれます。ディープラーニングによってAIは飛躍的に精度が向上し、分野によっては人間の能力を上回るようになりました。その一方で、AIの中身がブラックボックスになり、AIの予測結果がどのような計算過程を経て得られたのか分からなくなりました。このため、AIの予測精度が高かったとしても、人はその根拠を知ることができません。

これに対して「説明できるAI」（説明可能なAIと呼ばれることもある）は、米国の国防高等研究計画局（DARPA）の研究が発端となった概念です。予測が人間に理解可能であり信頼に値するAI、またはそれに関する研究のことを指します。説明できるAIの事業では、人がAIの推論過程や推論根拠から新たな知見や気付きを得ると同時に、AIが人の知見により推論精度を高め、人と共に進化することを目指しています。一方、教育分野におけるAIドリルに代表されるような学習システムにおいても、これまでの学習ログは問題と解答の正解／不正解のデータしか蓄積できず、学習者の思考過程はブラックボックスになっていました。

AIのブラックボックス化を防ぐ

課題克服などの目的で、練習問題や教材を推薦するAIシステムは既に存在します。しかし、なぜその問題や教材に取り組むべきなのか、学習者が納得できなければ、学習意欲を引き出し、学習効果を高めることはできません。

そこで、私たちのプロジェクトでは、説明の仕方を人から学んだAIが学習を支援することを目指しました。学習者の思考プロセスを学習者が自身に向けて説明して言語化する「自己説明」という方法により、思考の過程を明白にします。これを、言語化された人の説明としてAIが学習します。その際に、手書きペンによる自己説明のストロークデータは解答プロセスとして可視化され、学習者は自身の思考のプロセスを見ながら自己説明をテキストデータとして入力します。これら自己説明のペンストロークデータとテキストデータ 、問題の正解／不正解データなど、さまざまなデータをAIが学習することで、学習者がより納得して問題に取り組めるようにするのが、説明生成エンジン「EXAIT（Educational Explainable AI Tools：エキサイト）」です。自己説明によって学習者が成長するだけでなく、学習過程で得られるさまざまなログデータをAIが学習することで、学習者と共に成長するAIシステムを開発しています。

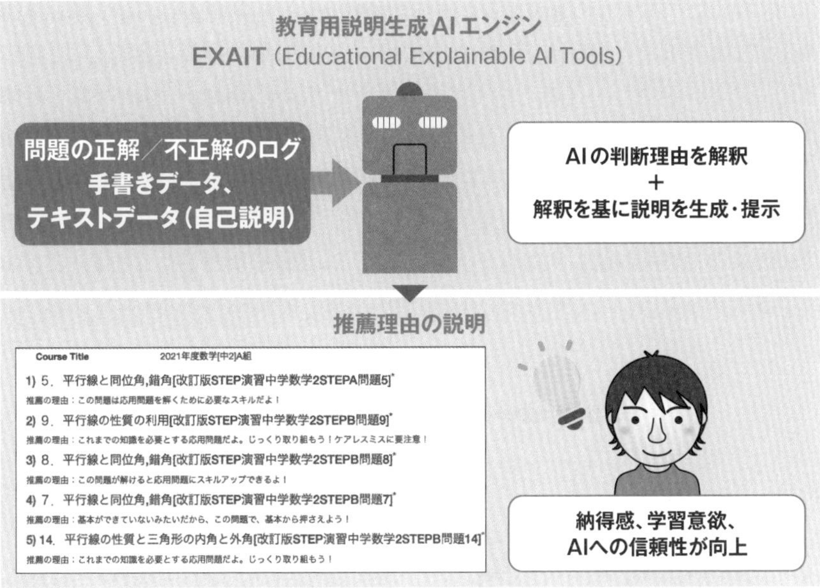

学習履歴をAIが分析し、解くべき問題を推奨する際、その理由を説明した方が学習者の納得感が得られ、意欲の向上につながる

EXAITによる学習サイクル

EXAITを使った学習サイクルを具体的に紹介します。

(1) 学習者は、タブレットのスタイラスペンを使ってBookRollで問題を解きます。「Apple Pencil」に代表される最近のスタイラスペンは書き心地が良く、記述問題でもストレスなく手書きができます。ペンストローク（筆運び）は保存され、問題を解くときの思考過程が学習ログとして動画で蓄積されます。

(2) 保存された動画を再生し、キーボードで自身の思考過程に対する説明を入力します。これによって論理的な思考力や表現力、メタ認知能力を向上させることができます。

(3) 手書きデータや自己説明のテキストデータをAIが分析し、つまずきポイントを自動判定します。

(4) つまずきポイントに応じた問題が推薦されます。

(5) なぜその問題が推薦されたかという推薦理由の説明も提示されることで、学習者は納得して問題に取り組めます。

(1)～(5)のサイクルを繰り返すことで納得しながら継続的に学び、理解度の向上につながることが期待できます。それにとどまらず、学習活動によって生じるテキスト、手書き、正解／不正解データなどをAIが学習して進化することで、推薦精度が向上し、より納得できる説明ができるようになります。こうして、AIと人がともに進化していくのです。既に「説明できるAI推薦モデル」をいくつか開発して、中学生や高校生に利用してもらっています。この研究において、推薦理由があると推薦問題の利用率が上がることや、推薦機能を使うことで、これまでできなかったことができるようになるといった学習効果が確認されました。

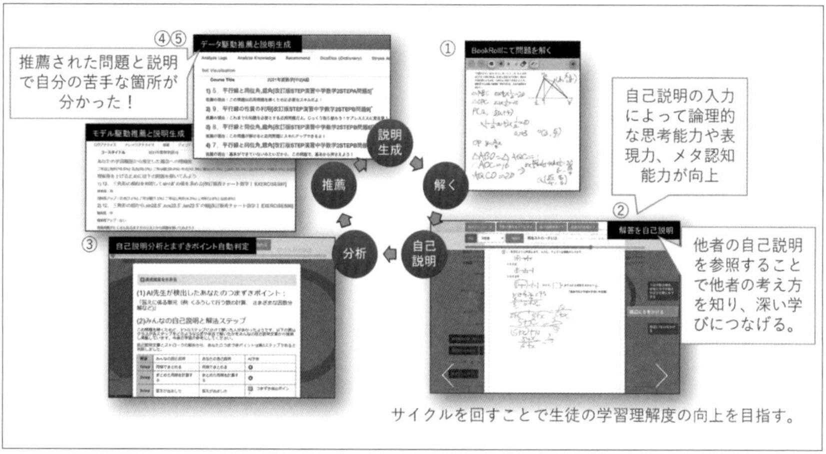

EXAITによる学習サイクルを回していくことでAIと学習者がともに進化することを目指す

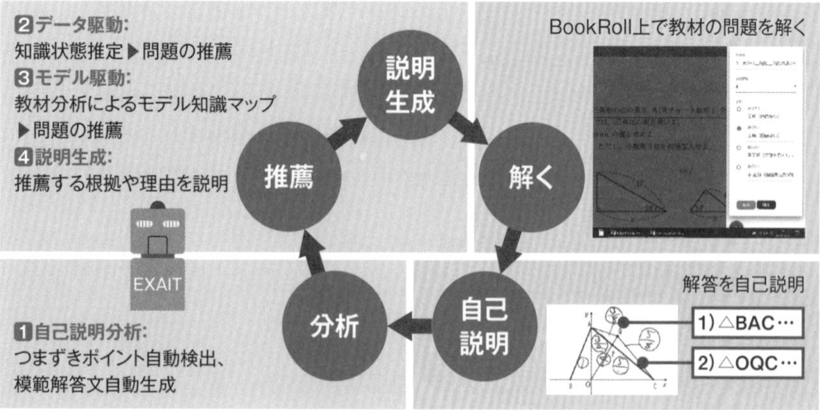

開発中の教育用説明生成AIエンジン「EXAIT」のイメージ

モデル駆動とデータ駆動

ここからはもう少し詳しくEXAITプロジェクトについて紹介します。EXAITでは学習者の資質・能力を向上させることに加え、授業を改善し教員の負担を軽減することもプロジェクトの目的としています。

AIエンジンのEXAITは、学習行動についてモデル駆動とデータ駆動の両面から開発を進めています。モデル駆動では教材や知識マップをベースとして、学習者が解答プロセスについて自己説明することで、次に学ぶべき事項や解くべき問題を推薦します。データ駆動では、BookRollを使って問題を解くことで蓄積された学習ログから学習者の理解度を推定して説明を生成します。両者を融合することにより、学習者の学習プロセスを理解して説明を生成し、学ぶべき事項を推薦できるようにします。

ペンの動きからつまずき箇所を見つける

EXAITの詳細について、自己説明によるつまずきポイントの自動検出、データ駆動、モデル駆動、説明生成の順に説明します。自己説明機能に入る前に、自己説明の基盤となる機能であるペンストローク機能を紹介します。デジタル化された教育環境においても手書き入力は依然として重要であり、ペンストロークデー

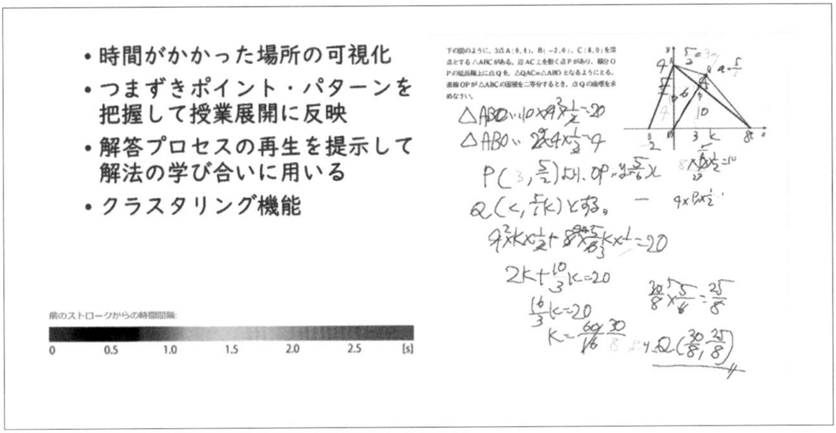

解答を書き込んだ際のペンの動きを分析し、かかった時間ごとに異なる色で表示する。赤は手が止まっていたところを示す

タを収集して、教育の支援に生かすことは大切です。この機能は、学習者のペンストロークデータを分析でき、リアルタイムでフィードバックできます。ペンストロークにかかった時間に応じて色が変わって表示されます。こうして学習者の手が止まった箇所を検出した上で、解答プロセスをアニメーションとして確認できます。学習者ごとの分析だけでなく、似た特徴を持った解答を自動分類（クラスタリング）して、解答の典型例を抽出し、学習者たちの全体の傾向をつかむことも可能です。クラスタリングの結果は分類されたグループごとに可視化され、直感的に確認できます。

解答を瞬時に集約して分類できるので、教員の負担軽減にも役立ちます。これまでは問題を紙で配布し、児童・生徒に解答させた後に回収。それを放課後に採点して解答のタイプを分け、次の授業で解説していました。そうした時間のかかる作業が、コンピューターとペンストローク機能を使えば瞬時に実施できるようになります。実際に中学校の数学の授業内外で導入したところ、成績の低い生徒にとって、特に有用であるとの声を教員からいただいています。

深く学ぶための自己説明

学習指導要領で示された「主体的・対話的で深い学び」を実現するために、学習者に何かを説明させることがあります。例えば、プレゼンテーションなどを通して、学習者が理解しているはずのことを言語化して発表させるような活動です。一方で、普段教員として教えている立場の人でも、理解していると思っていても、うまく説明できないことがあります。説明することを通して、分かっていないことに気付いたり、考えが整理されたりする感覚は、多くの人が経験したことがあるでしょう。このような経験から、より深く能動的な学びにつなげる学習方法として、自己説明（self-explanation）が知られています。

自己説明は、「文章や他の媒体に提示された新しい情報を意味づける試みにおいて、自分自身への説明を行う活動」（Chi, 2000. P.163）とあり、自分自身に説明をすることで、高い学習効果が得られることが海外の多くの研究で明らかになっています。この学習方法をペンストローク機能で実践できます。学習者が手書きでBookRoll上の問題に答えると、そのプロセスが動画で保存されます。解答後に動画を再生・停止しながら自己説明をテキストで入力していくことで、自己説明の学習ができるわけです。ペンストロークと自己説明のテキストデータは学習

解答の動画を再生・停止しながら思考過程の自己説明を入力

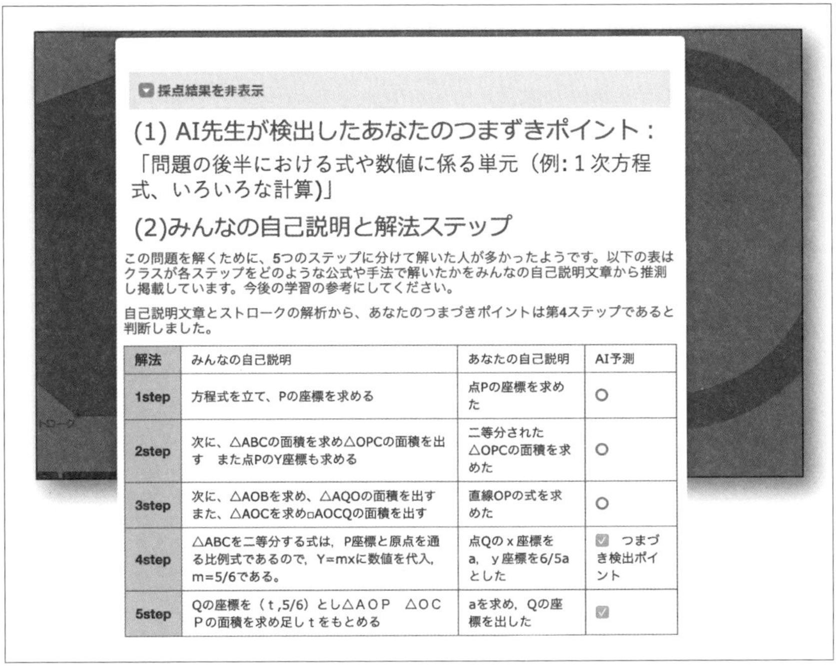

解法	みんなの自己説明	あなたの自己説明	AI予測
1step	方程式を立て、Pの座標を求める	点Pの座標を求めた	○
2step	次に、△ABCの面積を求め△OPCの面積を出す　また点PのY座標も求める	二等分された△OPCの面積を求めた	○
3step	次に、△AOBを求め、△AQOの面積を出す　また、△AOCを求め□AOCQの面積を出す	直線OPの式を求めた	○
4step	△ABCを二等分する式は，P座標と原点を通る比例式であるので，Y=mxに数値を代入，m=5/6である。	点Qのx座標をa，y座標を6/5aとした	☑ つまづき検出ポイント
5step	Qの座標を（t,5/6）とし△AOP　△OCPの面積を求め足しtをもとめる	aを求め，Qの座標を出した	☑

自己説明からAIが自動検出したつまずきポイント

ログとして蓄積されます。

問題を解いたプロセスに自己説明をテキスト入力すると、AIがそのデータを学習します。自然言語処理などのAI技術を用いて解答のプロセスをいくつかのステップに分割し、どの箇所でつまずいているかを自動で検出します。この機能によって、単なる問題の正解／不正解だけでなく、解答の思考過程のどのステップで間違ったのかを明らかにします。つまずきポイントが分かれば、問題の推薦にもつながります。まさに、AI先生が一人ひとりの解答を見て、間違っているところを指摘し、それに応じた学習指導をしてくれる機能なのです。

推薦理由がある方がやる気が起こる

データ駆動型の問題推薦では、学習者の正解／不正解のログデータから理解度を推定して問題を推薦するとともに、学習者の理解度を推定するモデル内に含まれるパラメーターを用いて説明を生成する方法を開発しました。これにより、単に問題を推薦するだけでなく、問題の特徴の説明を加えます。例えば、「この問題は応用問題を解くために必要なスキルだよ！」というような説明をすることで、推薦問題に対する学習者の納得感、学習意欲、AIへの信頼性が向上します。

説明できるAI推薦機能を高校1年生の夏休み課題で使ってもらい、効果を検証しました。推薦された問題に説明があるグループとないグループに分けて比較したところ、説明ありの方が推薦問題の利用率が高く、夏休みの全期間を通じて

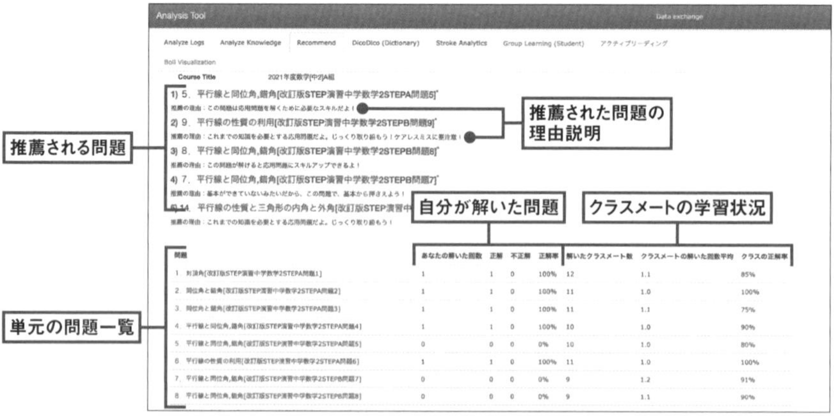

問題の推薦理由がAIによって生成される。これによって学習者のやる気を引き出す

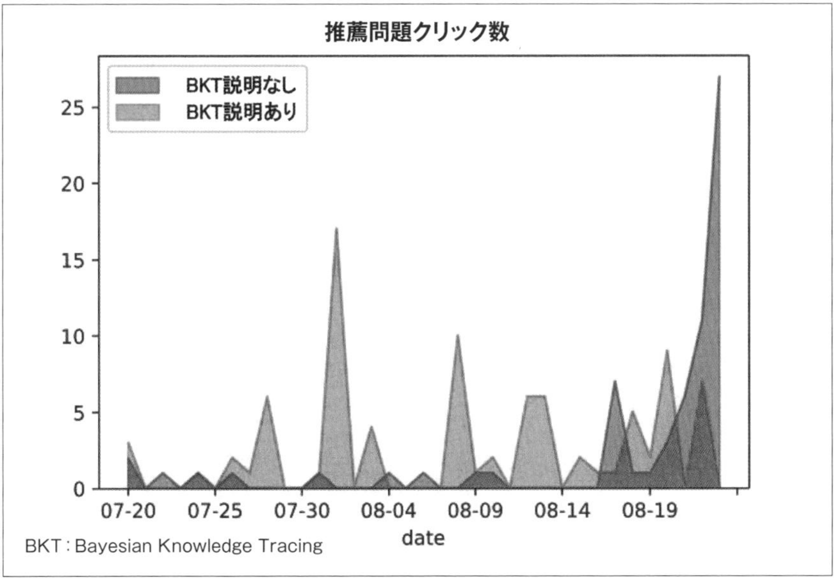

高校生の夏休み課題での実証研究をした結果。推薦に関する説明がある方が継続的に推薦問題を利用した

継続的に利用されていたことが分かりました。この結果は、推薦した理由の説明が学習者の意欲を高めることを示唆しています。

学習者の個性に応じた説明を生成

次に、モデル駆動型の問題推薦について説明します。知識の獲得状況を可視化するツールが知識マップです。単元（知識）のつながりを点と線（グラフ構造）で示します。これを用いることで、知識の構造に基づいた問題の推薦が可能になります。例えば、「2次関数の問題を解くためには、この因数分解の知識が必要なので、それに関する問題を推薦します」といった具合に、知識のつながりに応じて推薦します。ただし、単元内の細かな知識のつながりに関する問題を推薦するためには、より細かな知識要素の抽出が必要です。そのために知識モデルを用いた推薦方法を採用しました。

知識モデルを用いた推薦では、以下の手順で問題を推薦します。

(1) 自然言語処理技術で問題集の問題文と解説文からキーワードを抽出

(2) 問題の正解率（学習履歴）から理解度を推定

(3) 難易度と期待できる上達度を基準にして問題を推薦。推薦の理由を提示

これらにより知識要素の理解度を可視化して、理解が不十分な知識要素に関する問題を推薦します。それと同時に、その問題の難易度と、それを解いたときに理解度の上昇が期待できる知識要素を、推薦理由として提示します。こうして、知識要素の理解度に応じた問題推薦が可能になります。

学習者のやる気を引き出し、学習意欲を維持しながら学び続けてもらうには、学習ログや推薦される問題の特徴などから説明を生成するだけでなく、学習者の個性に応じた説明をすることも大切です。EXAITは、さまざまな説明方法を開発し、その説明がどのようなタイプの学習者に有効なのかも検証することで、個別最適化された説明の生成を目指しています。

開発中のEXAITを利用した生徒や教員からは、「最初はAIを疑っていたが、ケアレスミスしやすいとAIが予測した問題を解いてみると、実際にその通りになってしまって、AIはちゃんと合っててすごいと思った」などというAIの信頼性向上

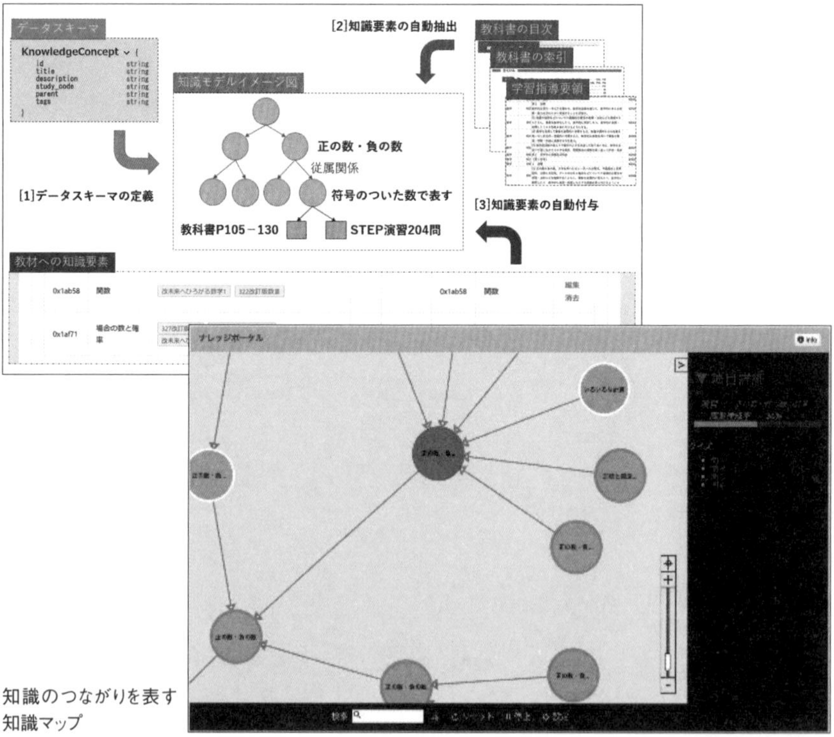

知識のつながりを表す
知識マップ

問題を推薦する際、その難易度や解くことによってどんな知識要素の理解度がアップするかを示す

EXAITが生成する説明の構成

1 自分が解答した結果に対する説明

EXAITが他人の自己説明や答案などを用いて解き方を説明し、
理解を深めてもらう（ヒント）

2 次の問題を推薦する際、その根拠や理由を説明

(1) これまでの解答履歴からの説明：データ駆動型
(2) 次の問題の特徴を説明：モデル駆動型
(1) と (2) の融合
社会的な観点：
ほかの人との関係はどうであるか
応援メッセージ（個性や性格の特徴を用いる）

EXAITが生成する説明の構成

に関する感想が聞かれました。また「個々の生徒に最適化された問題を提供してくれる」といった先生方からの声も寄せられています。

自己説明による人とAIの共進化

高等学校や中学校の数学でこの自己説明機能を使って学習してもらうと、さまざまな手書きでの解答や自己説明が見られます。問題には不正解でも自己説明ができている場合もあれば（下図の（2））、問題に正答していても自己説明が不十分なこともあります（下図の（3））。正解を答えられても、学習者自身で思考過程を言語化し表現することは、それほど簡単なことではないのかもしれません。

しかし、こうした鍛錬が論理的な思考力や表現力、メタ認知能力の向上につながります。学習活動をシステムからサポートするために、正解していても自己説明が不十分な学習者には、（1）のような「正解していて自己説明もできている学習者」の解答例を提示し、自身の自己説明と比較することが理解度の向上につながると考えています。さらに、自己説明を使った学習を繰り返すことで大量の学習データが蓄積され、つまずき箇所の自動検出精度の向上や問題推薦と説明生成の精度向上につながります。まさに人とAIがともに進化するAI学習システムを実現できるのです。

本節では、自己説明という学習方法で学習者の思考プロセスをAIが学習し、つまずきポイントを自動検出し、問題の推薦と説明の生成をすることで納得して学習に取り組めるEXAITついて解説しました。今後はEXAITの機能をさまざまな学習支援、例えば、グループ編成、エビデンス・レコード・ストア、介入メッセージなどに応用することで、学習者が納得して学習できる環境の提供ができるでしょう。

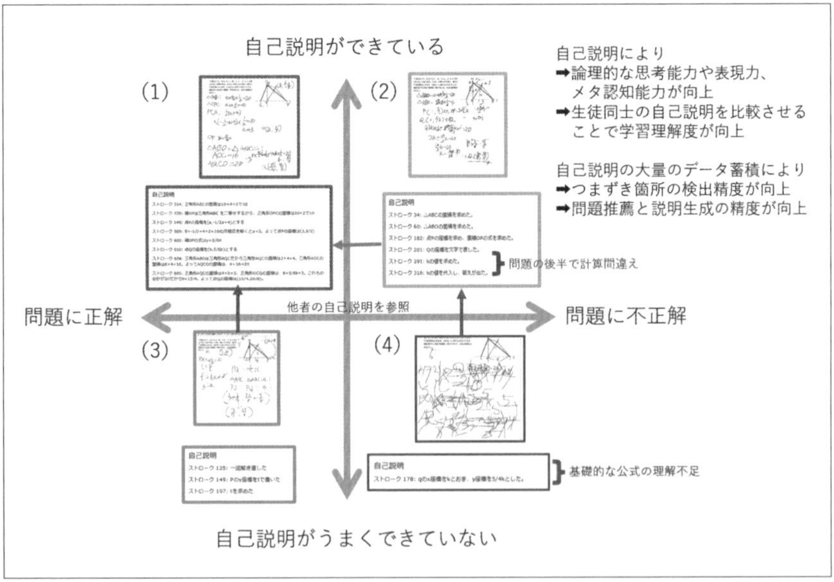

学習者の解答と多様な自己説明。問題に正答していても自己説明が十分にできない場合もある

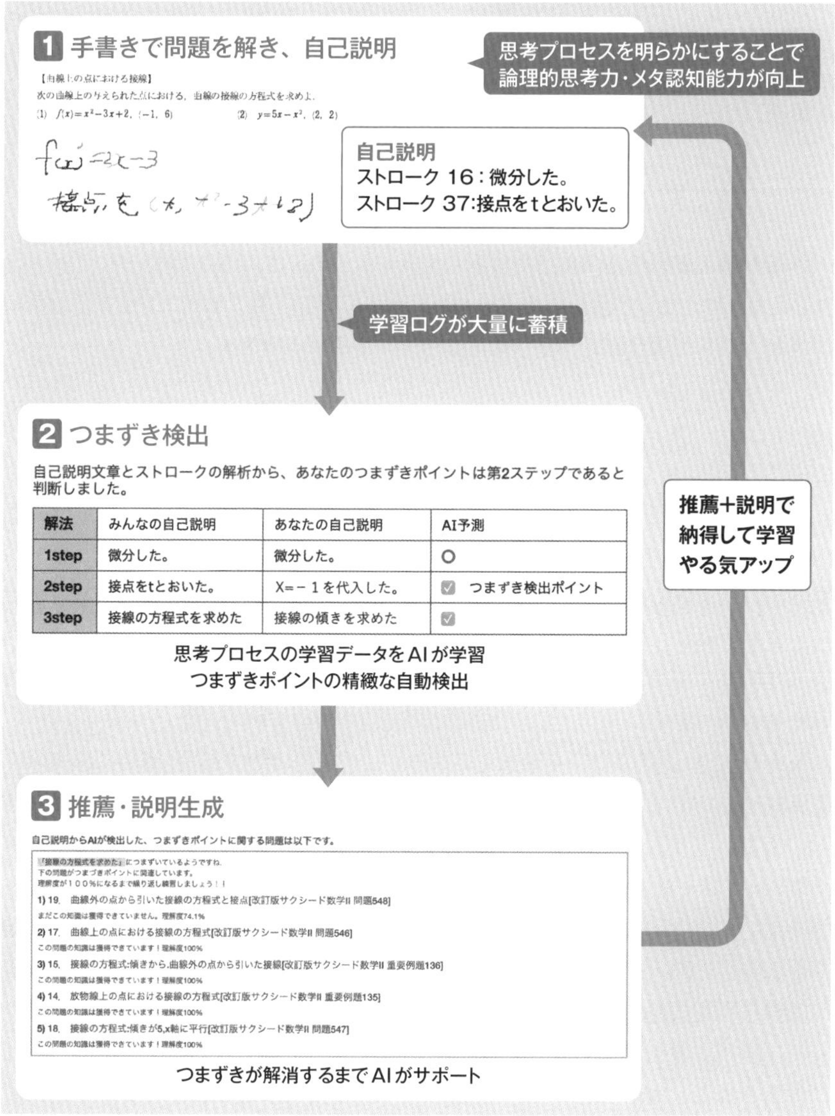

EXAITの学習サイクル

梁 昌豪、マジュンダール・リトジット、堀越 泉

第3節

学習ログを活用したグループ学習支援

学習は個人で行うものだけではありません。グループ学習では協力して調べ物をしたり、教え合いや意見交換をしたりします。本節では、ラーニングアナリティクスがグループ学習にどのように役立つのかを見ていきます。

グループ編成に掛かる時間が3分の1に

グループ学習を成功させるために重要な準備の一つが、グループを編成する作業です。例えば教え合いには、その単元の学習内容に関して得意・不得意が異なる学習者を集めてグループを組めば、それぞれが得意を生かせるかもしれません。また反対に、得意・不得意が似ている学習者を集めてグループを組めば、共通して苦手な部分に集中して取り組んだり、得意な部分をより伸ばしたりできる可能性があります。

しかし、これまでの学習を踏まえてグループを組もうとすると、事前に小テストを実施して集計するなどの準備が必要でした。これには非常に時間がかかり、普段の授業に取り入れるにはハードルが高い学習活動でした。ここでラーニングアナリティクスが役立ちます。本節で紹介するシステムでは、LEAFの学習ログデータを用いて、グループ編成を支援します。本システムを利用すると、普段の学習ログから自動でグループを組めるため、日頃の授業に取り入れるハードルが下がります。

実際に現場の先生方からは、「これまで1時間から1時間半ほど掛かっていたグループ編成作業が約30分に短縮された」「従来の発想にとらわれない組み合わせが提案された」といったコメントを寄せられています。また、システムを利用したグループ編成の利点は時間短縮だけではありません。データに基づくグループ編成をシステムが提案することで、「従来の発想にとらわれない組み合わせが提案された」というコメントもありました。

さらには、時間が掛かる手作業と違って、コンピューター上の簡単な操作でグループが組めるので、さまざまな条件のグループ分けを試してみることもできます。

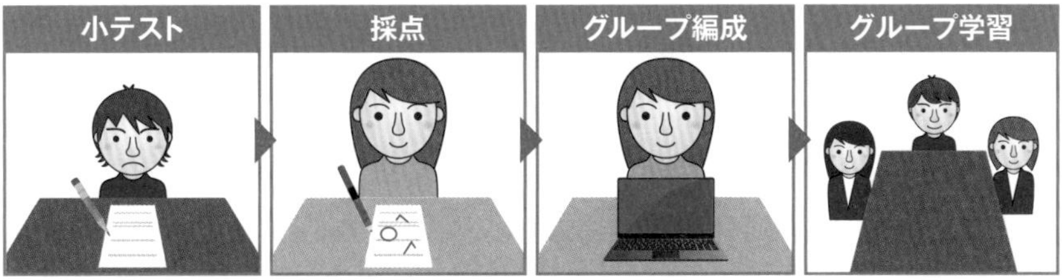

これまでのグループ学習では、グループを組むための準備が必要で、定常的に普段の授業に取り入れるにはハードルは高かった

LEAFの学習ログを用いたグループ編成の手順。LEAFのグループ編成システムを利用すると、普段の学習ログから自動でグループを組むことができ、日常の授業に取り入れるハードルが下がる

このように、学習ログを活用したLEAFのグループ編成機能は、エビデンスに基づく多様なグループ編成を促進し、日常の授業にグループ学習を取り入れるハードルを下げます。

学習ログに基づいたグループ学習

ここからは、このシステムの基礎となる枠組み、具体的な機能、実際の授業での実践事例、そして研究を順に見ていきます。

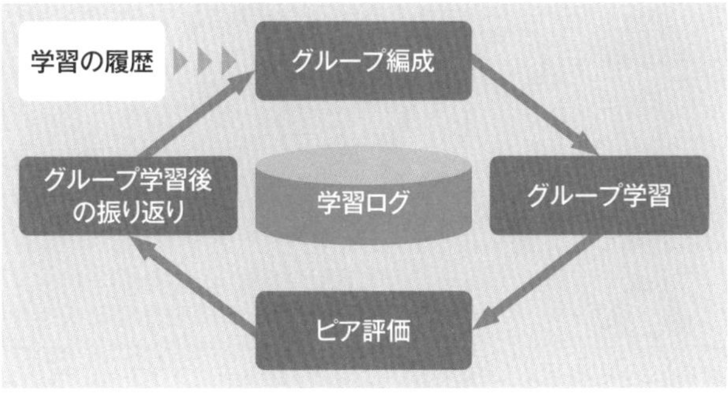

データ駆動型グループ学習支援のGroup Learning Orchestration Based on Evidence（エビデンスに基づくグループ学習編成）モデルは、4つの段階で構成される

Group Learning Orchestration Based on Evidence（GLOBE：エビデンスに基づくグループ学習編成）モデル は、ラーニングアナリティクスを用いたデータ駆動型のグループ学習支援の枠組みです。GLOBEモデルは、グループ編成、グループ学習、ピア評価、学習後の振り返りの4 つの段階から構成されます。

LEAFには、GLOBEモデルを具現化したグループ学習支援として、「グループ編成」「グループディスカッション状況可視化」「ピア評価（相互評価）」の各機能があります。

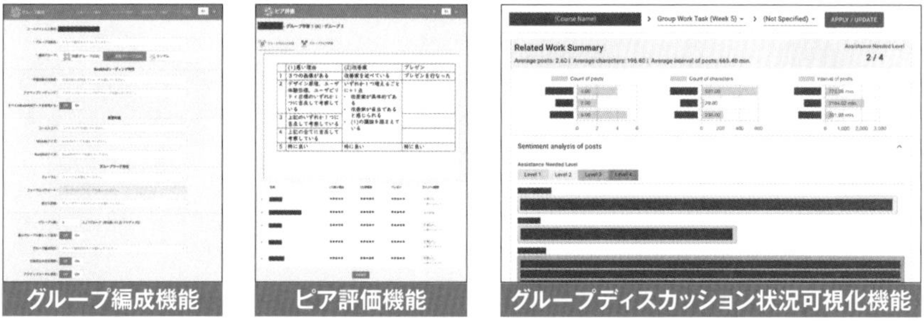

GLOBEが備えるの3つのグループ学習支援機能

学習ログからグループを自動編成

グループ編成機能は、学習ログから抽出された特徴を用いてグループを組みます。グループ編成にはBookRollの教材閲覧・操作ログや過去のグループ学習のログなど、

さまざまな学習活動の履歴を基に適切なグループを自動で編成できる

LEAF上のあらゆる学習活動に関するログが使えます。また、小テストの点数やアンケートの回答など、外部のデータもLEAFにアップロードして利用できます。これらの学習ログを活用し、それまでの学習履歴に基づいたグループ分けを自動化します。

実際に教員がグループを編成する際は、教え合い、意見交換、発表準備など、目的とする活動を初めに決めます。その活動に合わせて、教え合う課題の得意・不得意が異なる人でグループを組みたい、多様な意見を持つ人でグループを組みたい、発言の活発さのバランスを取ったグループを組みたいなど、期待する結果をイメージします。その目的やイメージに合わせ、「学習の特徴」と「グループ分けタイプ」を決めます。

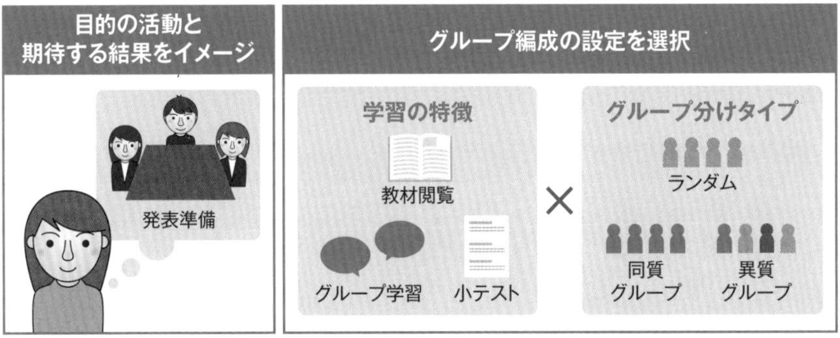

データに基づくグループ編成の進め方

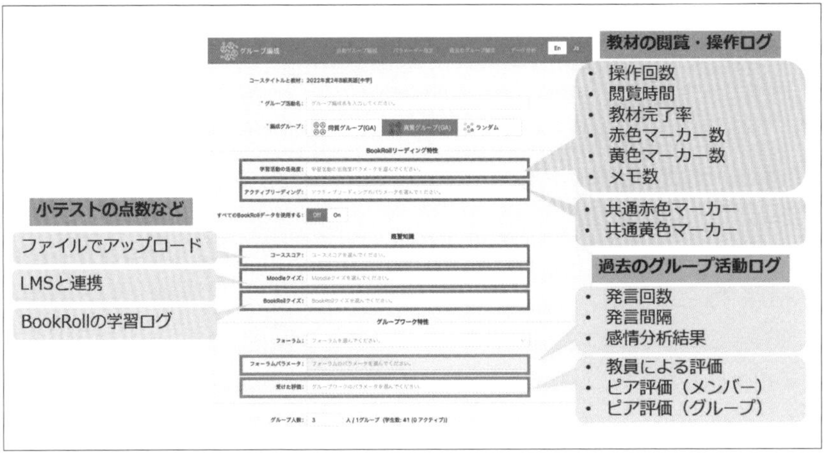

「学習の特徴」の選択画面。グループ編成に使いたい項目を選ぶ

グループ編成に使える「学習の特徴」には、(1) 教材の閲覧・操作 (2) 過去のグループ学習 (3) 知識があります。また、グループの組み方を次の3つのタイプから選べます。学習者の特徴が似ているメンバーを集める「同質グループ」、似ていないメンバーを集める「異質グループ」、そして無作為の「ランダム」です。

学習への取り組み方が似ている、つまり同質な学習者が学び合うことは、グループ課題の質、学習者間の相互作用、自己効力感などを向上させるといわれています。このため、同質グループは苦手なことや関心が似ている人たち同士を集めた学びの深め合いや、教員が個別最適な指導をする場合に向いています。

一方、1人では難しいけれど誰かの助けがあればできるということもあるでしょう。そのような領域を「発達の最近接領域」と呼び、この領域の学習は成長につながるといわれています。互いに助け合う場面では、異なる強みや特徴を持った異質なメンバーが集まるのがよいといわれています。このため、異質グループの編成は、苦手や関心が異なる人たち同士の教え合いや意見交換に向いています。

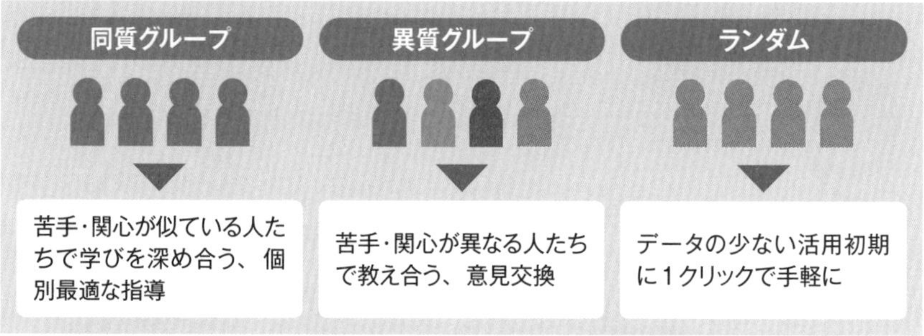

グループ編成のタイプと学習の特徴の組み合わせにより、活動内容・目的に応じて、それまでの学習ログに基づくグループ分けが可能

グループディスカッションを可視化

グループ学習段階の支援として、グループディスカッション状況可視化機能があります。この機能は「GWpulse (ジーダブリューパルス)」と呼び、グループディスカション投稿のログを収集・分析し、学習者と教員向けのダッシュボードとして可視化します。ダッシュボードには、グループごとの投稿数、文字数、投稿間隔の平均値が表示されます。また、これらの特徴を用いて各投稿とグループの「要介入レベル」を計算し、色で表します。分析結果は、前述のグループ編成機能に

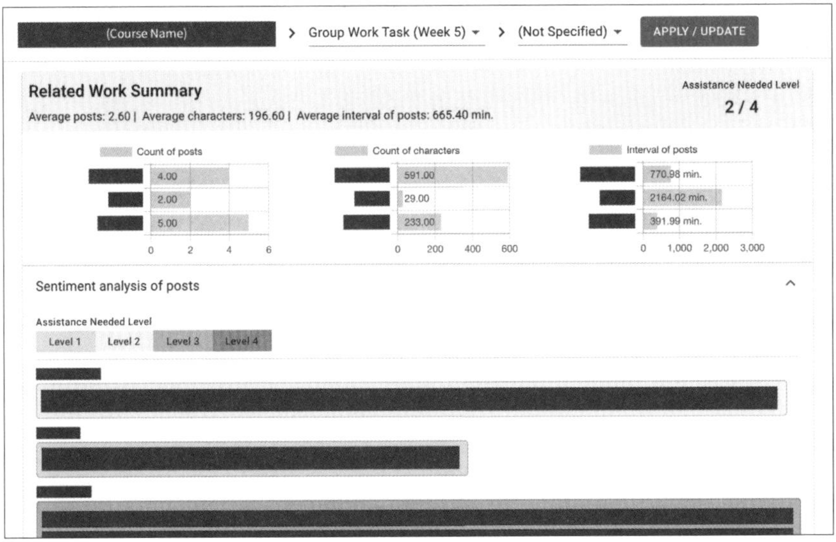

グループディスカッションの状況を可視化する「GWpulse」

おいて「学習の特徴」として使えます。

グループ学習中にGWpulseを用いることにより、学習者は自分やグループの状況を把握し、発言を増やしたり、議論を調整したりできます。また教員も、各グループの話し合いの状況を知ることができるので、介入が必要なグループを把握し、必要に応じて活動を促したり、説明を追加したりできます。

学習者のピア評価を支援

LEAFにはピア評価を支援する機能もあります。ピア評価では、学習者同士がレポートなどの成果物や、プレゼンテーションなどのパフォーマンスを評価します。ピア評価には教員の評価活動を助けるという面もありますが、学習者自身の学びにもなります。例えば、学習目標を明確に認識できたり、モチベーションアップにつながったりするといわれています。

ピア評価機能には、グループ内の各メンバーを評価する欄やコメント欄に加え、グループ発表がある場合などのために、ほかのグループを評価する欄もあります。また、学習者同士のピア評価とは別に、教員からの評価も付けることができます。これにより、グループ内の貢献度については学習者同士で評価し、成果物は教員が評価する、あるいは学習者と教員の評価を比べるなどの使い方ができます。

評価項目はシステムの中で教員が自由に設定できます。評価項目のみを提示する方法のほか、ルーブリックを添付することもできます。ルーブリックとは、評価に当たり各評価観点で各点数を得るための基準を明示したものです。ルーブリックを用いることで評価基準が明確になり、評価の質が高まると同時に評価活動からの学びも大きくなります。

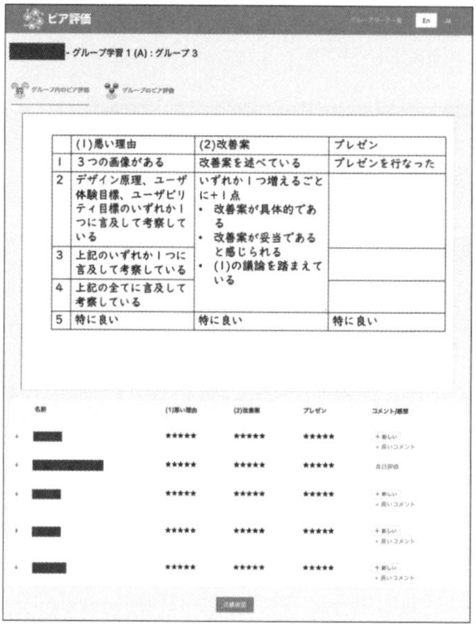

グループ内の各メンバーを評価する「ピア評価」機能の画面

振り返り機能で次の学習につなげる

グループ学習の後には、学びの様子を確認し、次につなげるために振り返りを行います。そのための機能として、ピア評価の振り返り機能と話し合いの振り返り機能があります。

ピア評価機能では、学習者は自分が受けた評価やコメントを確認できます。これにより、次の活動に向けて自分の良かった点、改善すべき点を把握できます。また、評価の付け方について、ほかの学習者が付けた評価と比較することで信頼性が、教員の評価と比較することで妥当性が表示されます。こうして自分の評価の付け方についても振り返ることができます。

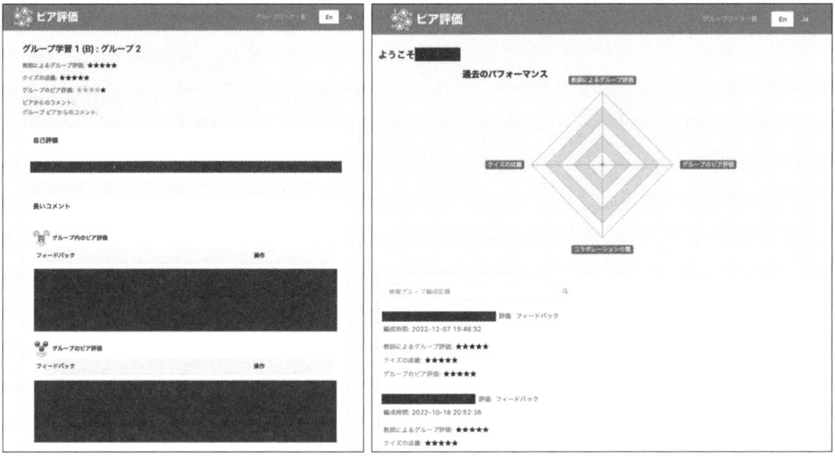

学習者向けのピア評価の振り返り画面。自分が受けた評価やコメントを確認できる

一方、教員は各グループが学習者から受けた評価、教員から受けた評価、さらに各学習者が受けた評価を一覧で確認できます。これにより、グループ学習を振り返ることができ、また次の活動やグループ編成の設計に生かせます。

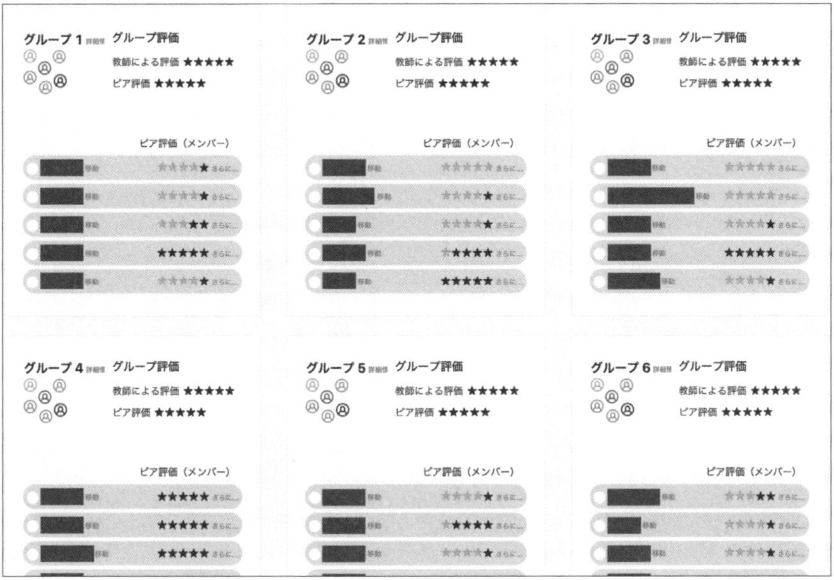

教員向けのグループ一覧画面では全グループの評価を一覧できる

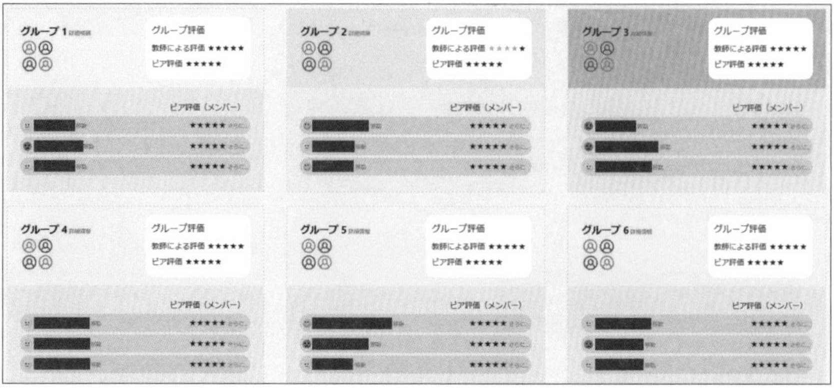

過去のグループ学習において教員が評価を入力している場合、学習者の名前の横とグループの背景に色が付く。教員は活動の際、気にかけるグループの参考にできる

先ほどのグループディスカッション状況可視化機能（GWpulse）は、話し合いの振り返り機能としても使えます。学習者は自分がどのくらい発言したか、自分の発言やグループ全体の要介入レベルなどを確認し、振り返ることができます。教員は、各グループの議論が活発だったのかを確認したり、グループ学習における個人の貢献を把握したりできます。応用として、1つ前の段階でグループ学習への貢献のピア評価をする場合に、これらの振り返り機能を使うことで、根拠に基づく評価の支援もできます。

事例1 2種類のグループ編成のタイプを使い分け

先ほど述べたように、グループ編成のタイプには、特徴が似ているメンバーを集める同質グループ、似ていないメンバーを集める異質グループ、そして無作為のランダムグループがあります。学習の特徴とグループ編成のタイプの組み合わせにより、学習ログに基づいたグループ分けができます。実際に先生方が授業の中でどのような目的に対してどの学習の特徴とグループ編成のタイプを使っているか、事例を通してご紹介します。

一つめの事例は、グループ編成機能の実証に長く取り組んでいる高校数学の田中英歳教諭の授業事例です。田中先生は、この機能を使う前は、「生徒同士の交流はやっていたが、わざわざグループを組むというより、近くの人と相談してみようとか、その場で周りとグループを組んでみようということが多く、意図してグループを編成することは少なかった。これは、本校の方針として相手が誰でも活発に議論できるようにする意図もあるし、狙いを持たせたグループを組むのは手間な部分もあった」と話します。

田中先生は、小テストの点数を学習の特徴として、同質グループと異質グループを使いました。下図は、そのグループ分けの使い分けをまとめたものです。

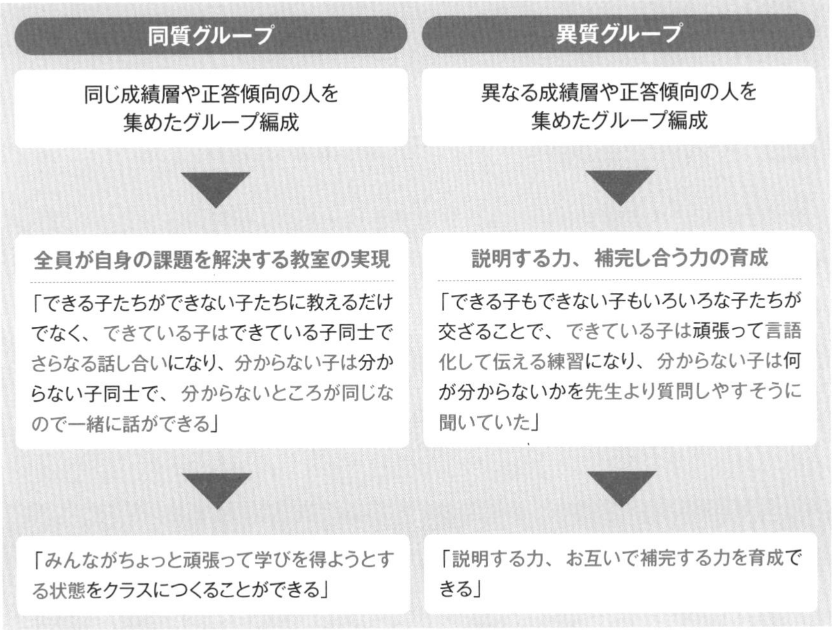

2種類のグループ分けタイプの使い分け（田中英歳教諭の発表資料「New Education Expo 2022 西京高校での実践例」を基に作成）

さらに、単元の最後に異質グループを使った実践例では、以下のような授業構成でグループ編成を使いました。

(1) BookRoll上に単元の総復習となる選択問題式のテストを作成

(2) 翌日、その成績を基に異質グループを編成→各自が正解した問題を教え合う

(3) その日にもう一度、前日と似た形のテストを実施

このような構成で授業を行ったところ、１番の問題はできているけれど２番はできていない生徒、２番の問題はできているけれど１番はできていない生徒が交ざり、「完全に得意な子が完全に苦手な子に教えるのではなく、ここの問題は

できているけれどここの問題はできていないみたいな子たちを『異質』で集めて、お互い教え合う」という形が実現したそうです。そして、2回目のテストの結果は上昇し、授業のアンケート結果も良かったという結果になりました。

田中先生は、成果と発見として、「いつもの『近所で相談して』よりも、意図に合わせたグループワークが可能で手間もかからない。単元の終わりで、それぞれの弱点に特化した復習ができる」などを挙げています。一方で、「生徒のつまずきを見取ることのできるテストの作成が必要。複雑な記述テストや証明問題は向かない」など、留意する点についても明らかになりました。

事例2 ジグソー活動にグループ編成を活用

2つめに紹介する事例は、ラーニングアナリティクス研究の一環として取り組んだ高校英語の芳賀康大教諭の授業です。この授業では「知識構成型ジグソー法」と呼ばれる手法を採りました。ジグソー法には「エキスパート活動」と「ジグソー活動」の各グループが必要です。エキスパート活動では、いくつかのグループに分かれ、各グループが割り当てられた内容の「エキスパート」になります。続いてグループを再編成し、別々の内容のエキスパートになったメンバーが集まり、

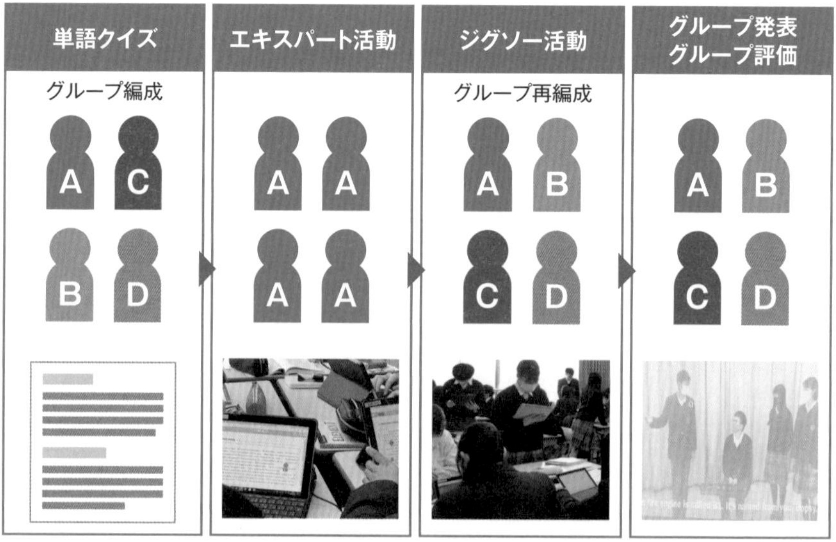

ジグソー活動とグループ編成の仕方。LEAFのグループ編成機能を使うことで簡単に実施できた

知識を持ち寄ってジグソー活動を行います。

ジグソー法は、さまざまな学年・科目で取り入れられ始めている手法ですが、エキスパート活動がうまくいくグループの編成やジグソー活動用グループの用意など、準備が大変な活動でもあります。

LEAFのグループ編成機能には、このジグソー法を簡単に実現できる「グループ再編成」機能があります。まず、エキスパート活動用のグループは、通常のグループ編成の場合と同様に、その目的に合わせて同質、異質、ランダムのいずれかで編成します。そして、ジグソー活動用のグループは「グループ再編成（ジグソー活動用）」というボタンを押すだけで、別々の内容のエキスパートになったメンバーを集めたグループを編成できます。

今回の事例では、授業の設計は単語クイズ、エキスパート活動、ジグソー活動、グループ発表・評価の４段階で構成しました。エキスパート活動の編成には、学習の特徴として単語テストの得点を使った異質グループを用いました。これにより、英単語の知識を各グループでバランスの取れた状態にした上で、エキスパート活動に取り組めました。このように、従来はグループ編成の準備が大変だったジグソー法も、グループ編成機能を使うことで簡単に実施できます。

事例3 マーカーの引き方の違いを利用

３つめの事例は、中学校英語の有田先生の授業における事例です。これまでの数学と英語の事例では、学習の特徴として小テストや単語テストの点数を使いました。この事例では、英語の長文読解活動におけるBookRoll上でのマーカーの引き方の特徴に着目しました。

授業の設計は、アクティブリーディング活動、グループ学習、グループ発表の３段階で構成しました。まず、アクティブリーディング活動（第４節を参照）では、PDF化した教科書に、生徒がBookRollの機能を使ってマーカーを引きながら英語の長文を読みました。マーカーは、重要だと思ったところに赤、分からない単語に黄色を引くように指示されていました。続いて、そのマーカーの引き方の特徴が異なる学習者で構成するグループを異質グループとして編成します。そのメンバーでグループ学習を行い、発表の準備をしました。最後に、グループ学習を基にグループ発表をしました。

マーカーの引き方の特徴を用いて異質グループを編成することで、重要だと考えた部分が多様な生徒たちが集まりました。また、分からない単語があまり重ならないグループを作れます。このように、グループ編成機能ではテストの点数のようなデータだけでなく、マーカーの引き方のような学習活動のデータも活用できます。これにより、グループ編成において、さらに多様な学習者の特徴を考慮することが可能になります。

３つの事例で見てきたように、グループ編成機能は使用する学習の特徴とグループ編成のタイプの組み合わせにより、さまざまな活動内容と目的に応じたグループ分けができます。教員の工夫によって無限の使い方が可能です。

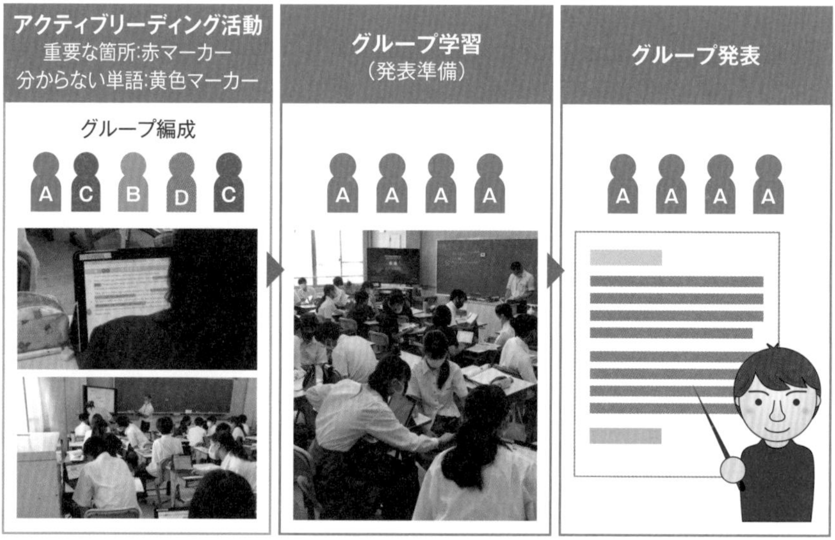

マーカーの引き方の違いに基づくグループ分けによって「異質グループ」の編成が可能

事例	教科	学習ログ	グループ種類	目的
事例1	数学	小テスト点数	同質グループ 異質グループ	自身の課題解決 説明する力の育成
事例2	英語	単語テスト点数	異質グループ 再編成	ジグソー活動
事例3	英語	マーカーの引き方	異質グループ	異なる特徴の 学習者が集まった グループでの学習

各実践事例におけるグループ編成の種類と目的

グループ編成のタイプの違いが学習に与える効果

ここまでの事例では、グループ編成機能の効果について教員の視点から紹介してきましたが、最後に研究の視点から効果について見ていきます。本節で取り上げる研究は、Liangほか（2022）に詳述されています。

この研究では、国語の授業を対象にグループ編成のタイプの違いが、グループ学習に対する主観評価（良いグループ学習ができたと感じるか）とピア評価（実際にグループ学習の結果が良かったか）にどのように影響するかを明らかにしました。授業設計と実験条件、アンケート項目は次の通りです。

	学習活動	実験条件（グループ編成タイプ）	
		群1	群2
授業1	意見交換	ランダム	ランダム
授業2	比較読解	同質	同質
授業3	意見交換	異質	同質

授業設計と実験条件（一部抜粋）

- グループ学習でとても有意義な経験ができた
- グループ学習の成果は個人での活動の成果と同じくらい良いか、それ以上であった
- メンバー全員がそれぞれ貢献できる機会を作ることができた
- 私はグループ学習中に良い活動ができた
- グループ学習が円滑に進んだ

グループ学習に対する主観評価のアンケート項目

まず、データに基づく学習の特徴を用いた同質・異質のグループ分けとランダムなグループ分けの効果を比較してみます。次ページ上の図のように、同質・異質グループの両方で、グループ活動の主観評価、ピア評価ともにランダムなグループより高い値が見られました。特に、同質グループとランダムグループの比較では有意差が見られました。

つまり、グループ編成機能を使うことにより、良いグループ学習を行うことができたと感じ（主観評価）、さらにその結果も良かった（ピア評価）と捉えることができます。

主観評価 良いグループ学習が できたと感じるか	**ピア評価** 実際にグループ活動の 結果が良かったか
異質グループ > ランダムグループ	主体性 対話性 理解 **異質グループ > ランダムグループ** 3つの評価観点の全てにおいて
異質グループ > 同質グループ	主体性** 対話性* 理解*** **同質グループ > ランダムグループ** 3つの評価観点の全てにおいて (*$p < .05$, ** $p < .01$, *** $p < .001$)

データに基づく学習の特徴を用いたグループ分け（同質・異質）とランダムなグループ分けの比較。学習の特徴を用いたグループ分けは、主観評価、ピア評価ともにランダムなグループより高かった

次に、グループ編成タイプの効果について、学習活動の違いが影響するかを見てみます。今回の実験授業では、学習活動として「意見交換」と「比較読解」がありました。比較読解活動においては、基本的に異質グループが主観評価とピア評価の両方でより高い点数を得ました。一方で、意見交換活動では同質グループの得点が高くなりました。対話性に関するピア評価については、両方の活動において、同質グループがより高い点数を得ました。

つまり、「比較読解のような目的には異質グループ分け」「意見交換のような目的には同質グループ分け」のように、グループ学習の目的によって適切なグループ分けのタイプが異なると捉えることができます。

	主観評価 良いグループ学習が できたと感じるか	**ピア評価** 実際にグループ活動の 結果が良かったか
意見交換	**同質グループ > 異質グループ**	主体性 対話性 理解* **同質グループ > 異質グループ** 3つの評価観点の全てにおいて
比較読解	**異質グループ > 同質グループ**	主体性 **異質グループ > 同質グループ** 対話性 **同質グループ > 異質グループ** 理解 **異質グループ > 同質グループ** (*$p < .05$)

学習活動の目的の違いが、各グループ編成タイプの効果に与える影響

本節ではLEAFの学習ログに基づいて、教員のグループ編成と分析を支援するグループ学習支援機能と実際の授業での実践事例、そして研究を紹介しました。グループ編成のタイプと学習の特徴の組み合わせにより、活動内容・目的に応じたグループ分けを、学習ログに基づいて編成できました。また、実際の授業の中でどのような目的に対してどのグループ編成タイプや学習の特徴を使うかは、教員によって多様であることが各事例から分かりました。このように、ラーニングアナリティクス研究者による機能の開発と、現場の教員による授業実践を連携させることにより、データに基づく教育はより発展していきます。

教育データの活用を可能にする国際技術標準

「LEAF」の説明などで、「LTI」や「xAPI」という言葉が出てきました。これらは各種の学習ツール向けに規定された国際的な技術標準です。米国の1EdTechという団体が定めています。

LTI（Learning Tools Interoperability）は、LMSのような教育向けプラットフォームとデジタル教科書・教材や学習ツールと接続するために使います。プラットフォームからは、認証情報をはじめとする学習者の情報が学習ツールなどに渡されます。これによって、システムごとにログインする手間がなくなり、学習者は各ツールをシームレスに利用できます。同様に、CBTシステムと接続するQTI（Question and Test Interoperability）もあります。

xAPIは学習者の活動履歴を記録する形式を定めています。例えば、「AさんがBという教科書を開いた」「AさんはCというドリルで10番目の問題を解いた」といった具合に、誰が何をしたのかを記録していきます。本書で何度も登場する学習ログは、主にxAPIに準拠しています。

こうした標準化が必要な理由は、異なるシステム間で連携できるようにすることと、システム開発のコストを下げることにあります。同じ内容でも言葉で書くと細かな表現が変わってくるのと同様に、各システムベンダーが独自形式で学習データを記録すると、その情報はほかのシステムでは使えません。それに対してxAPIのような標準形式にのっとっていれば、ベンダーを問わずデータを活用できるわけです。また、技術標準で規定された部分はベンダーがそれぞれ開発する必要がないため独自機能の開発に注力でき、コストの削減にもなります。（江口 悦弘）

豊川 裕子

第4節 データ駆動型アクティブリーディング

OECD（経済協力開発機構）が実施するPISA（Programme for International Student Assessment：国際的な学習到達度に関する調査）によると、日本の学生の読解力は年々低下しています 。特に、「情報を探し出す力」「自分の考えをまとめて他者に説明する力」などが課題とされています。読解力を身に付けるには、そのための“戦略”が不可欠で、読みの練習をする場所と時間（読解学習環境）を整える必要もあります。

アクティブリーディングとは

読解力向上にはさまざまな戦略があります。京都大学緒方研究室では、個別最適な読解学習法にLEAFを用いることで学習者の読解力向上と自律した読解学習を支援することを目指し、アクティブリーディングの研究を進めています。LEAFを用いて取り組む読解学習の流れを「データ駆動型アクティブリーディング」（DEアクティブリーディング：Data Enhanced Active Reading）と名付けました。

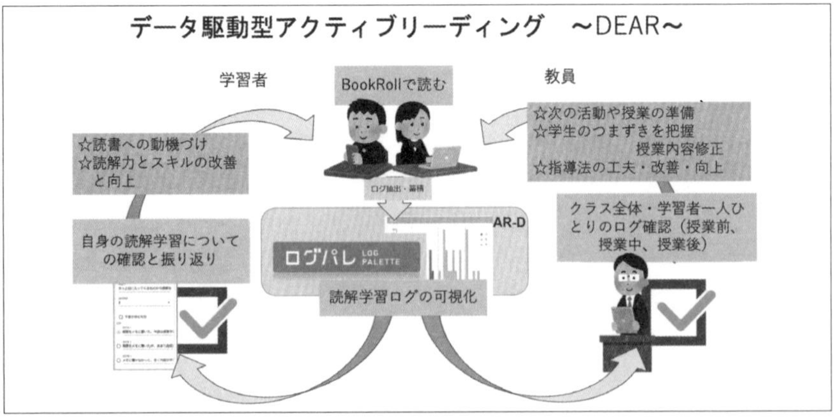

LEAFを使ったデータ駆動型アクティブリーディングの流れ

これまでのアクティブリーディング活動には主に紙のテキストが使われ、音読や暗唱、リスニングを取り入れるなど、その手法も教員によりさまざまでした。最近ではGIGAスクール構想で整備されたICT環境が積極的に活用されています。グループワークなどの協働学習での読解活動もアクティブリーディングの一つです。グループ内での話し合いなどから内容への理解を深めて発展させる活動は、学習指導要領における「主体的・対話的で深い学び」で求められている授業形態です。しかし、グループ内で学習者一人ひとりが自立し、周りの人の助けになるには、読解ストラテジーと読解力を身に付けていなければ他人に頼るだけになってしまいます。

普段、余暇に本を読むときは、面白そうだと思った本を手に取ってパラパラとページをめくり、概要を把握しようとするでしょう。目に入ってきた情報を基に、内容について「最後どうなるのだろう？」などと考えるかもしれません。面白いと思った内容に関しては、ほかの人に伝えらえるように自分の言葉で要約・説明するかもしれませんし、作者の意図を評価・批判するかもしれません。では、学習の一環として教科書を読むときはどうでしょうか。重要ポイントにマーカーを引いたり、メモを残したりする人もいるでしょう。テストの前には内容をまとめるかもしれません。これら全ての意図と目的を持った読みの行動がアクティブリーディングです。

しかし、授業中に教科書を読むとき、どれだけの人がこのような読解活動、例えば内容について考えたり、注釈を残したり、評価や批判をしたり、話の内容をまとめたりできているでしょうか。また、それらの活動はなぜ必要なのでしょうか。

データ駆動型アクティブリーディングの戦略

リーディングにはパッシブリーディングとアクティブリーディングがあります。前者はその名の通り、頭から順に受動的に読み進め、結局「何を読んでいたのだろう？」と理解せずに終わることがある読み方です。一方アクティブリーディングは、読解学習の自律を促進し、読解力とスキルを向上させる戦略です。そこには、スキミング、スキャニング、自問自答、音読、暗唱、要約作成、マーカーやメモを使った注釈付け、再読などの活動が含まれます。文章の構成や内容に深く関与することで、読解力とそのスキルを向上させる学習と練習の機会を提供します。

アクティブリーディング戦略で有名なのは「SQ3R」やその派生型の「SQ4R」

でしょう。「SQ4R」は「SQ3R」(Survey：予測, Question：質問, Read読み, Recite:暗唱, and Review:復習)に学習者がメモを取ったり注釈を書いたり、マーカーを使用したりして読書記録を残すことを推奨する記録(Record)フェーズが追加された読解戦略です。記録フェーズは、私たちの研究の主な焦点となっています。これらの戦略を通して、学習者は構造化された学習アプローチの中でテキスト内のなじみのない情報を理解するため、フェーズに従って最終目標に到達するまで何度も繰り返し読む必要があります。このため、語学学習の授業では好んで用いられる戦略です。そして、この読解戦略を身に付ける実践的な場所として読解学習にLEAFを組み込みました。

読解は読んでいる人の心と頭の中で起こる活動なので、その過程を可視化することは簡単ではありません。これまで紙の教科書などでは、その過程を可視化することは困難でした。このため、既存のアクティブリーディング戦略を基に、簡潔かつ有効的に読解プロセスを可視化できるよう、まず読解過程を「読む前」「読み」「読んだ後」という３つの段階に整理しました。

その各段階を可視化することを目標に、アクティブリーディングに特化した「アクティブリーディングダッシュボード(アクティブリーディング-D)」を開発しました。これにより、BookRollで読解学習をしたログ(履歴)がログパレのダッシュボードで可視化されます。それを読解学習活動または振り返りとして活用することで、学習者は読解力やスキルが向上します。教員は介入の判断材料や授業改

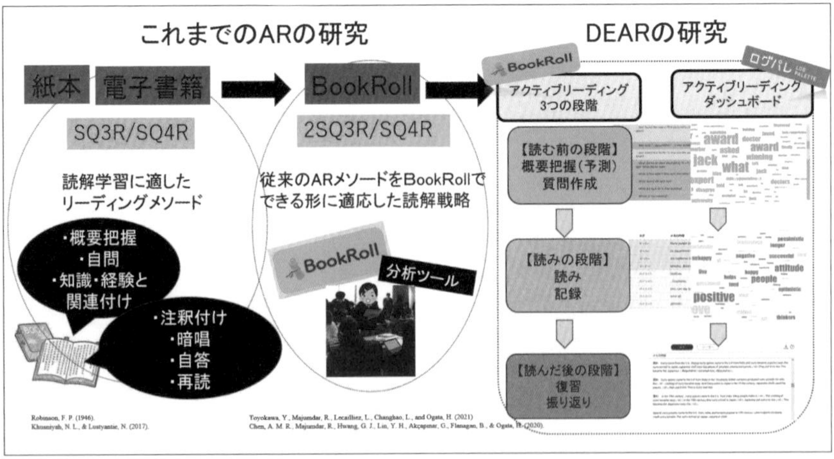

既存のアクティブリーディング(AR)に関する研究からデータ駆動型アクティブリーディング(DEAR)への流れ

善に役立てることが可能になりました。これがデータ駆動型アクティブリーディングです。

読解学習ステップとログパレによる可視化

授業構成に「導入、展開、まとめ」があるように、データ駆動型アクティブリーディング（以下、DEアクティブリーディング）にも「読む前」「読み」「読んだ後」があります。学習者は3つの読解ステップを踏んで読解活動を進め、適切なタイミングで可視化・共有・フィードバックされる学習ログを有効活用します。教員は可視化されたログデータを基に、つまずいている学習者やつまずきポイントを把握し、追加説明を組み込むなど、次の行動を決定できます。授業の進捗や授業時間などによって、この3つのステップを自由に展開し、柔軟に調整しながら読解活動を進められます。クラスで学んだDEアクティブリーディング戦略により、学習者がそれぞれ授業外での読解学習にも取り組めるようになることが目標です。

アクティブリーディング x BookRoll

方法	BookRoll機能	概要
Survey 調査	メモ	タイトル、サブタイトル、写真など、目に入ってくる情報をもとに概要や全体像を把握します。
Question 質問	メモ	誰、何、どこ、いつ、なぜ、どのように、などの質問を提起し、コンテンツに興味や注意を向けます。
Read 読み	BookRoll	質問の答えを見つけるように、内容を読み進めます。
Record 記録	マーカー メモ	知らない単語や不安な箇所、キーワードや覚えておきたいポイントなどにしるしを付けます。注釈も記録として残しておきます。
Recite/Response 暗唱・回答	メモ	質問の答えを出す、自分の言葉で要約する、声に出して言う、などで理解を確認します。
Review 復習	メモ リコメンド グループ編成	再読や暗唱、クイズを解く、要約を書く、他の人（および自分自身）の質問に答える、ペア（またはグループ）作業、などで復習をします。

読む前
読み
読んだ後

アクティブリーディングのステップとBookRollで使う機能

(1)「読む前」の段階

これから読む内容に関して、例えば、2～3分の非常に短い時間で全体を素早く見渡し、目に入ってくる情報から概要を把握します。これから読む文章の背景情報を提供することで認知構造が強化されます。また、自分の経験や知識と結び付けて背景知識と読書への動機を活性化させるため、内容について知りたいことなどをメモしたり、質問を作成したりすることも、この段階でのアクティブリーディングに含まれます。

DEアクティブリーディングでは、学習者は予想される概要（予測）と質問をBookRollのメモに入力します。記入の意図は「概要を把握できているか」「どのようなことに興味を持っているか」「内容に関連した情報・事前知識を持っているか」を把握することです。記入された予測と質問はログパレで確認します。ログパレ内のアクティブリーディング-Dの「概要・質問リスト」では、個人とクラス全体の予測や質問を共有でき（学習者には匿名表示）、テキスト内容への興味付けに役立ちます。また「ワードクラウド」では、一見して読む前の段階で学習者の頭に浮かび上がったキーワードを読み取ることができ、授業の導入として利用することも可能です。

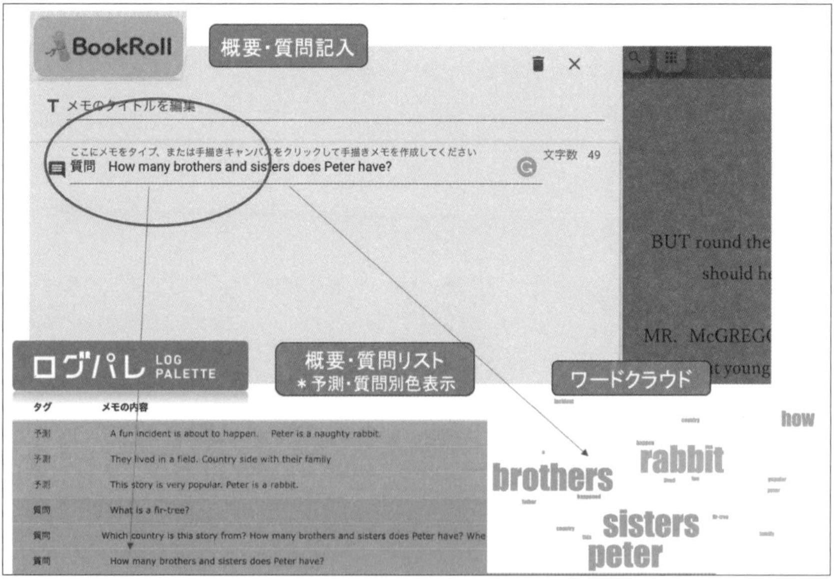

BookRollメモ画面と、ログパレのダッシュボードで可視化された「読む前の段階」

(2)「読み」の段階

実際の読みの段階では、読む前に尋ねた質問への回答を見つけたり、著者の意図を見つけて内容を批判・評価したりしながら注意深く読み進めます。この段階での読解活動には、読みの速度（WPM：Words Per Minite）を測る（英語学習の場合）、辞書を参照するなども含まれます。覚えておきたいキーワードや質問の答え、分からない単語や不安な要素などに黄色のマーカーを引きます。メモには質問や重要ポイントなどを残しておきます。注釈は、後で情報を追跡して再利用・復習する際に役立ちます。

読みの段階で使えるBookRollの機能にはタイマー、マーカー、メモ、リコメンド、日英辞書（DicoDico）などがあります。タイマーはBookRoll画面に設定でき、読みの速度を測り、WPMとしてアクティブリーディング-Dに記録します。WPMによって、資格試験を解く際の目安にしたり、クラス内での自身の位置を把握したりできます。こうして、より速く正確に情報を処理できるよう意思を働かせたり、目標設定などに役立てたりできます。2色のマーカーは、指示によってさまざまな使い方が可能です。アクティブリーディングでは、黄色マーカーは主に知らない単語や分からない表現などに、赤マーカーは重要なポイントや答えとなるキーワードなどに利用しています。メモは教員への質問、コメント、覚えておきたい点などに使えます。リコメンド機能は、読解学習で使用する動画やほかのeラーニングサービスなどのURLを載せたり、単語クイズなどに利用したりします。

アクティブリーディング-Dの「マーカーリスト」は、個人やクラス全体での難

BookRoll上に引かれたマーカー（左）は、アクティブリーディング-Dのマーカーリスト、ワードクラウド、教材サムネイルなどで確認できる（右）

しい語彙（黄色）やキーワード（赤色）を確認できます。教員は、誰がどのような単語でつまずいているか、要点を認識しているのかなどを把握し、追加説明や復習が必要かなどの判断材料にします。また、ワードクラウドでも一見して理解度（赤）と復習すべき点（黄）が把握できるため、マーカーリストと同じ使い方に加え、学習者は要約を書くときのヒントとしても使えます。

アクティブリーディング-Dの「教材サムネイル」では、クラス全体で引かれたマーカーが表示されるのに加え、教員が引いた赤マーカーは緑色で表示されます。これを見れば、自身が引いた赤マーカー（この画面では水色で表示）と質問の答えやキーポイントが重なっているかを確かめられます。

読解学習中に辞書を引くことについては賛否両論があります。辞書参照（特に授業中での）を勧めない理由の一つとして、辞書を引くことに時間を割いてしまう懸念があるからでしょう。また、辞書にはたくさんの意味が載っていて、読んでいる内容に合った意味を探すのは大変な作業だと思われます。しかし、語彙力は読解には必須です。BookRollにはDicoDicoという日英辞書が搭載されています。学習者はこれで単語の意味を検索し、文脈に応じて単語の意味を選んで覚えることができます。

テキスト内の単語を検索する方法として、マーカー検索と直接検索があります。検索された単語はログとして蓄積され、ログパレで分析に使えます。それを見て、

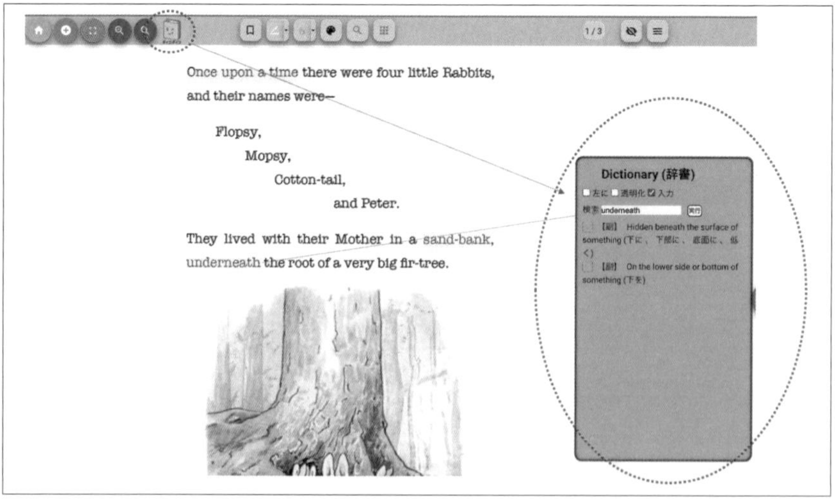

BookRoll上のDicoDicoパネルで単語を直接検索している一例

学習者は分からなかった単語を復習できます。教員は、検索語のリストを単語クイズ作りに生かせます。予習・復習時のDicoDico利用をお勧めしますが、授業内でも意味の検索にあまり時間を割かずに使えるでしょう。なお、テスト中などでDicoDicoが必要ない場合は、アイコンを非表示に設定して使えないようにできます。

(3)「読んだ後」の段階

読んだ後は読書活動から得た理解と知識を復習して確認し、記憶として定着させます。音読や暗唱をしたり、自分の言葉で言い換えや要約をしたりします。テストやクイズを受ける、事前に作成した質問に答える、ほかの人と話し合う、グループでプレゼンテーションをするなど、さまざまな取り組み方があります。一例として、メモでの要約作成について紹介します。

要約を書くことの意図の一つは内容理解の確認です。学習者はダッシュボードを使って自身の理解度を確認し、他者の要約を見て理解度を深めます。教員も、学習者の残した要約を確認し、それを基に復習や追加説明が必要かどうか検討するなど、次の行動を決定できます。

基本的な授業構成としては、DEアクティブリーディングの流れに沿ってBookRollとログパレを使いながら読解学習を進めていきますが、クラスの進行に合わせて活動は柔軟に調整できます。

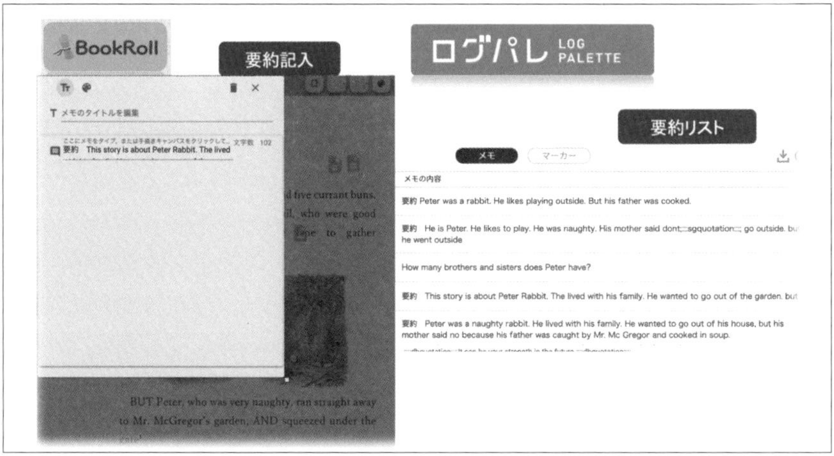

BookRollメモに記入された要約と（左）、ログパレのダッシュボードで可視化された学習者の要約リスト（右）

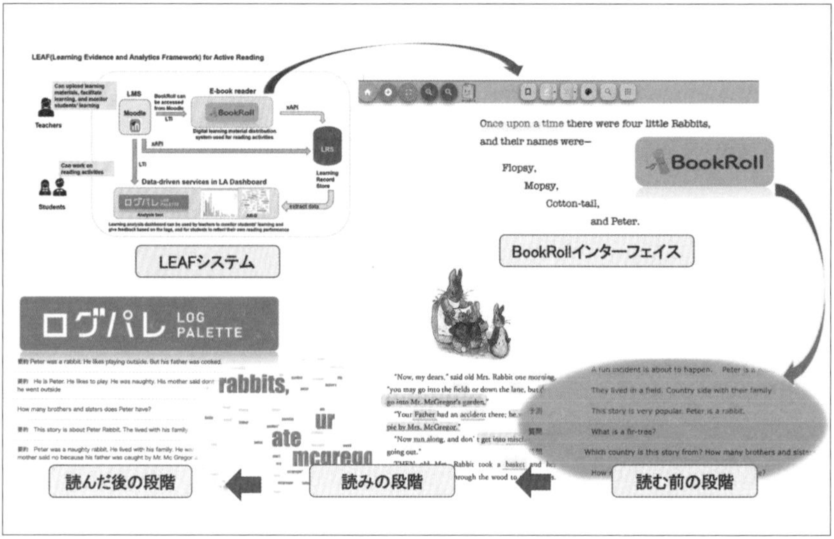

BookRollのマーカー利用例と、ログを可視化したダッシュボードのインタフェース

例として、DEアクティブリーディングを50分の授業を通して行った流れを紹介しましょう。日ごろの授業ルーティンをこなした後、BookRollを使って物語の読解学習に取り組み、ダッシュボードで内容の再確認と振り返りを行いました。

事例1 学習ログを基にしたグループ活動

グループで行う読解学習は、それ自体がアクティブリーディングです。思考力、判断力、表現力、主体性、協調性を養いつつ読解力を培います。このため、DEアクティブリーディングでの読解学習もグループ学習などの協調学習とともに積極的に授業に組み込まれ、よりアクティブに読解活動を展開することが望まれます。

緒方研究室では、ジグゾー学習やグループ発表などのグループ編成をアクティブリーディングで蓄積されたログを基に編成し、グループ内で読解学習を行ってきました。実際の授業では、想定をしていなかったような読解学習の光景が見られました。それは、授業内で学習者がそれぞれの異なった画面、例えばBookRoll、アクティブリーディング-D、DicoDicoなどを自分の端末で見ながら学習を進めていたことです。

先生の指示がなくても学習者が教材を（安全に提供された範囲内で）自ら選ん

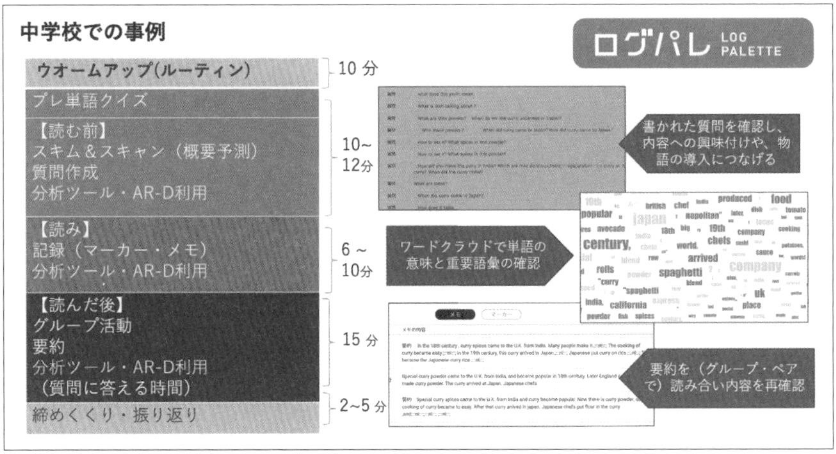

中学校における50分授業でのDEアクティブリーディング授業例

アクティブリーディングで行うグループ活動の例

で使用し、自律して個別最適な学習を進めていけることは、これからの時代において理想的な学習の光景ではないでしょうか。その間、先生はファシリテーターとして各グループを巡回したり、ログで進捗状況を把握したりして、次に取る行動を検討します。

グループでの話し合いは、グループ内でピア評価をします。読んだ内容をまとめたグループ発表についてはグループ評価をするなど、クラスの仲間の評価をしつつ自身の読解についても振り返りをします。そこで残された評価を基に次のグループ編成ができるなど、アクティブリーディングで蓄積されたログデータをその後の学習に活用するという流れは、LEAFを使うからこそできるグループ・アクティブ・リーディングの形です。

事例2 遠隔反転アクティブリーディング

次に、アクティブリーディングの応用事例として反転学習を取り上げます。反転学習の利点は、事前学習をすることで授業内での説明時間が減り、活発な学習を期待できることです。しかし、学習者が授業の外でどれだけ自主的に課題に取り組んでいたのかなど、取り組み状況の確認が難しいという問題があります。LEAFを使うことで、誰が、いつ、どれだけ学習をし、何が難しかったのかなど、授業外での読解学習の取り組みを可視化できます。従って、それらの学習ログを基に授業を構成することも可能になります。

遠隔授業もLEAFを用いることでより効率的、かつ活発にできます。遠隔授業では学習者がテキストを読んでいるのか、教員の話を聞いて問題や課題に取り組んでいるのかといった状況の確認が困難でした。それをログパレを利用することで、ある程度確認できるようになります。取り組み状況はほぼリアルタイムで確認でき、そこから介入をすることも可能です。大学での遠隔授業を反転学習アクティブリー

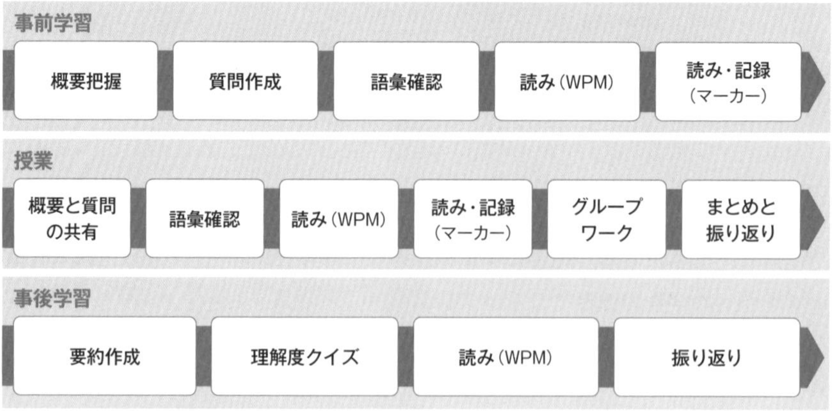

大学（90分授業）での遠隔授業において反転学習をした例

ディングで行ったクラス（90分授業）の流れを図にまとめました。こうした例のほかにも、先生方の経験とアイディアでLEAFを使った読解活動の可能性を生み出せるでしょう。

事例3 通級指導教室における活用

ICTの導入は通常学級に限らず、特別支援の場でも多く研究されています。リーディングにだけ焦点を当ててみても、読字・読解が苦手という困難を抱えている学習者のためのICTツールの開発と実装が進んでいます。デジタル機器だからこそできる支援として、音声補助機能や文字拡大機能などがあります。しかし、学習から得られるログを可視化してその先の支援に役立てる取り組みは、今のところあまりありません。LEAFを利用してどのような読字・読解学習支援が可能なのか、京都にある小学校の通級指導教室の先生にご協力いただき、その活用方法と有効性の実証研究をしました。

通級指導教室での支援内容は児童・生徒により異なりますが、読字・読解が苦手で通級に通う子供たちは多く、読みの支援は焦点の一つです。読字・読解困難は書字の困難にもつながります。BookRollは電子書籍ですが、画面上にスタイラスペンなどでそのまま書き込み、その筆跡を可視化できるので、さまざまな読み書き支援に使えます。

例えば、その日の学習支援内容や振り返りなどを、教員と児童・生徒が「学習振り返りシート」に直接書き込みます。白紙のページを載せておき、そこに絵を描いたり、ひらがなや漢字の練習をしたりと、自由に使ってもらいます。そうした活動から得られたペンストロークを分析することで、そのときどのような気持ちだったのか、何を考えていたのか、その考えていたことをどのように書き（描き）込んでいったのかなど、これまでたくさんの発見がありました。言葉で思いを伝えることが苦手な児童の思いが書き込まれ、消され、書き直され、また消されと、ペンの筆跡をたどることでその児童の思いを垣間見ることができたのです。

特別な学習教材を作ったりするのではなく、普段から使っているワークシートやプリント、自作の教材などをそのままBookRollに載せるだけで（教科書等の著作物は許諾が必要）、これまでの紙による支援では残せなかった記録を残せます。そこからつまずきポイントを見つけ出し、支援内容の判断材料にできます。それだけにとどまらず、子供たちの「できた！」をたくさん発見し、それを本人と保護者と共有していくことで、成長を確かめ、自信につなげるような支援ができるでしょう。

特別支援学級へのLEAF導入を推奨するもう一つの大きな理由は、成長の記録としての情報収集と共有が常に必要とされることです。例えば、支援を受けるに当たり、個別支援計画書などの書類の提出を求められます。これは、支援計画の見直しと更新がたびたび必要であり、教員（支援者）と保護者にとってはかなりの労力になると思われます。LEAFを使って学習を継続すると、ログが成長記録として蓄積され、安全・円滑に可視化・共有されるため、労力を軽減できます。また、成長過程で学校や機関をまたいで支援を必要とする学習者のログが一生涯にわたり安全に管理、共有され、継ぎ目なくデータを移行できるようになるべきです。第6節で紹介する「BOLL」は、特別支援におけるログデータの移行で大きな役割を果たすでしょう。

一人ひとりに合った学習方法を

学習者は一人ひとりがそれぞれ異なった特性を持ち、必要とする学習内容も異なります。教える立場の教員も一人ひとり教え方が異なります。LEAFを用いた読解学習も、ここに挙げた取り組み方だけでなく、学習者と教員のそれぞれに合った方法で進めることができます。

マーカーなどの読解プロセスのログデータの活用によって内容理解が深まり、教材の改善にも役立ちます。これからもさまざまな可能性を模索し、今後の日本の子供たちの読解支援に貢献できるようDEアクティブリーディングの研究を深めていきます。

李 慧勇

第5節 能動的に学ぶ自己主導能力を育むGOAL

近年の教育では、学習者に対して、授業で教員から知識を伝達してもらって受動的に学ぶだけでなく、学習者自らが自主的に目標を立て、それに向かって能動的に学ぶ力を身に付けさせることが求められています。そのために必要な能力の一つが、自己主導能力（Self-Directed Learning Skill）です。これは、創造性やコミュニケーション能力、情報リテラシーなど、将来を担う人材が身に付けるべきスキルとして「21世紀型スキル」と呼ばれるものの一つです。

学び続けるために必要な「自己主導能力」

「人生100年時代」といわれる超長寿社会においては、一人ひとりが「生涯にわたって学び続ける能力」や「健康を維持し続ける能力」をしっかりと身に付けておくことが重要です。筆者らは、このために必要な能力の一つが自己主導能力だと考えています。これまで学校教育においては、このような能力の習得は、あまり着目されてきませんでした。しかし、筆者らはこうした能力の習得が重要と考え、データを活用して自己主導能力の習得を支援するGOAL（Goal Oriented Active Learner：ゴール）システムを開発しました。

例えば、自己主導能力を習得するための学習活動として、たくさんの英語の本を読む「英語の多読」があります。たくさんの本を読むには、学習者が自ら目標を立て、進捗を確認しながら空いた時間をうまく使うといった取り組みが必要となるでしょう。

ここで、学習者が自分で適切な目標を設定したり、自分の進捗を把握したりするには、「これまでどのくらいの時間、どのように本を読んだか」というデータが重要です。GOALシステムでは、学習者は自分のBookRollの閲覧データを基に現状を分析し、適切な目標を設定します。そして、自分の閲覧データを用いて読書の進捗状況を確認しながら、要点のまとめなどをしつつ振り返り、目標の達成状況を判断するという過程を繰り返して、自己主導能力を習得していきます。

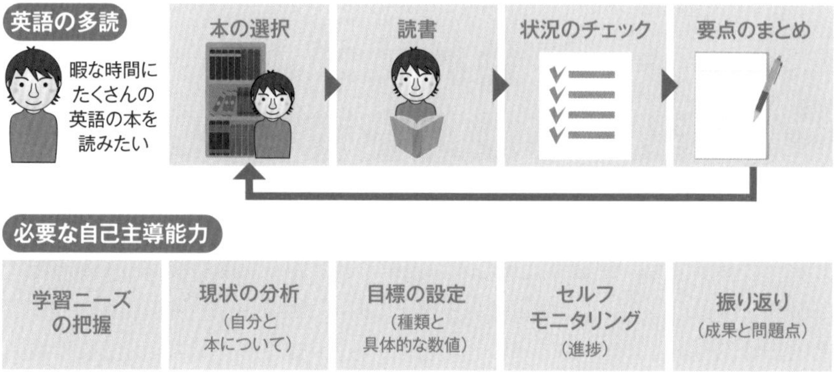

自己主導的な学習の例。英語の本を多読する場合

教育現場で自己主導能力を育成するには、主に2つの課題があります。

(1) 一般に学校教育では、自己主導能力の習得を目指した学習活動はあまりされていないため、学習者は目標を立てて、それを達成するための実行力を身に付けていないことがあります。特に、小学校低学年の児童は、自主的な学習の能力を十分に習得していない場合が多いです。

(2) 自己主導能力をデータによってさまざまな角度から客観的に評価する基準がないため、その活動を支援することが困難です。

これら課題の解決に向けて、GOAL システムは自己主導能力を教育データによって測定・分析し客観的に評価できるようにしました。さらに、自己主導能力を育成するためのさまざまな学習活動を支援します。具体的な支援の1つめは、英語の本の多読です。BookRoll を使って本を閲読することで、毎日どれくらいの時間、本を読んだのかを可視化できます。それによって、本を計画通りに読んでいるか、そうでないかを判断し、計画を修正しながら続けることで自己主導能力を育成します。もう一つは、スマートフォンやスマートウオッチなどの歩数や脈拍などの健康データを活用した自己主導能力の育成です。以降では、GOAL システムを用いてこのような活動をどのように支援するかを紹介します。

GOALシステムの3つの特徴

GOAL システムの特徴は3つあります。1つめは BookRoll やスマートウオッチと連携して学習や運動、健康活動データを収集することで、学習者が自分の状況を容易に把握できます。2つめは、授業時間以外の日常生活においても、学習者がいつでも、どこでも、学習・運動データを分析して問題点を発見し、目標を設定できます。目標の例としては、1日の読書時間やページ数、歩数、睡眠時間などがあります。3つめは、学習・運動データの客観的な評価に基づき、自己主導能力に対するフィードバックを提供します。

GOALシステムは、LMSから、LTI連携によりワンクリックで起動でき、Webブラウザーで利用できます。BookRollに記録された学習ログやスマートウオッチに記録された健康活動データは、GOALに自動で登録されます。これらのデータを集計して毎日の活動指標を計算し、後述するDAPERモデルを用いて段階的に学習者の自己主導能力を育みます。

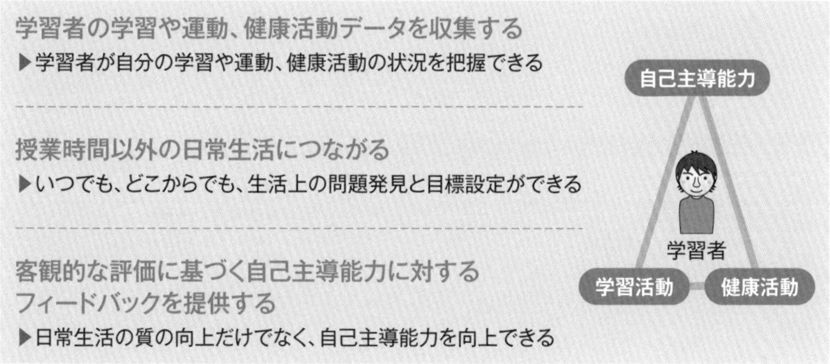

GOALの全体像。学習者の自己主導能力を育成するために学習を支援する

自己主導能力育成のためのDAPERモデル

GOALシステムでは、自己主導能力の育成モデルとして、DAPER (Data collection - Analysis – Planning - Execution monitoring - Reflection) を提案しています。この育成モデルには、(1) データ収集 (2) 状態分析 (3) 計画 (4) セルフモニタリング (5) 振り返りという5つの段階があります。

まずデータ収集段階では、学習者が自ら活動データを収集します。例えば、BookRollに記録された閲読時間や閲読ページ数などの学習ログを収集します。次の状態分析段階では、可視化された毎日の指標を学習者が分析し、現在の状態を把握します。例えば、学習者が今日の多読の時間を、前日の値、あるいはクラスの平均値と比べることができます。

計画段階に進むと、学習者が分析した状態に基づいて目標を設定します。例えば、学習者は1日の多読時間のプランを作成します。4つめのセルフモニタリング段階では、学習者が作成したプランの進捗を定期的に確認します。プランの進捗状況は、達成値と目標値を比較することで可視化されます。最後の振り返り段階では、学習者がプランの詳細と達成成果を確認し、その難易度、目標達成率、努力した度合いを評価します。

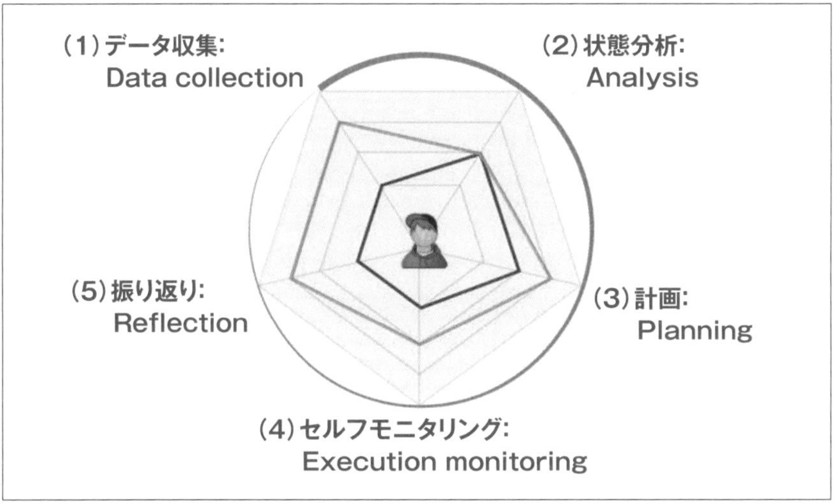

学習者はGOALによってDAPERモデルを実践し、学習と健康活動データの分析、ゴールの設定、セルフモニタリング、目標達成率などの振り返りをしながら自己調整能力を育成する

GOALシステムの画面で分かること

GOALシステムには、DAPERモデルに対応した「データ収集」「状態分析」「計画」「セルフモニタリング」「振り返り」のそれぞれのステップを支援する画面があります。各画面では自己主導能力を育成するタスクにおいて、GOALの操作ログから自己主導能力レベルを推測して学習者にフィードバックします。データ収集画面では、BookRollまたはスマートウオッチから同期した毎日の活動状況を確認できます。さらに、これ以外のツールとも連携してデータを収集することが可能です。

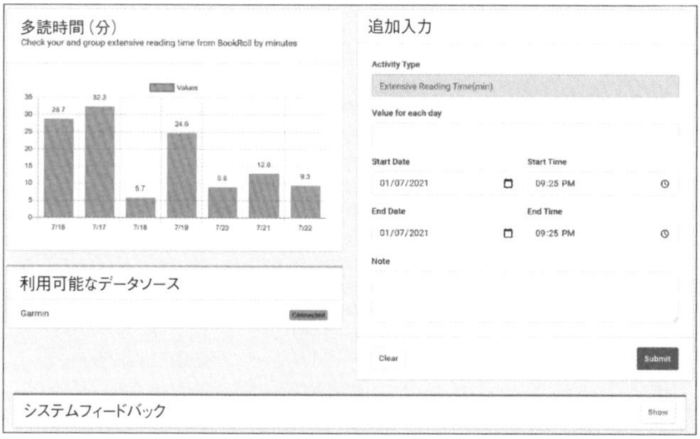

GOALの「データ収集」画面では毎日の活動指標などを確認できる

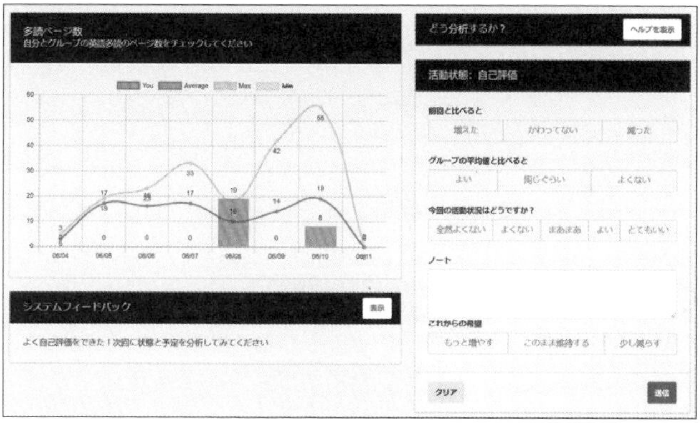

「状態分析」画面では、学習者の毎日の活動状況やクラス全体の活動状況（最大／最小値、平均値など）がグラフで表示される

「計画」画面には活動の種類やプラン名、開始日／終了日、頻度、目標値などを含む計画を設定するためのテンプレートが表示される

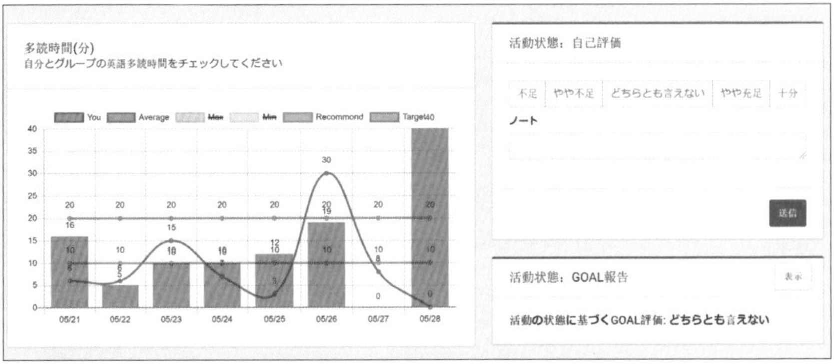

プランの進捗状況をグラフでチェックできる「セルフモニタリング」画面。自己評価フォームも表示される

「振り返り」画面にはプランの詳細、目標達成の成果、自己評価のための日誌が表示される

自己主導的な英語多読をGOALで実践

外国語教育において多読は、好きな本を自分のペースでたくさん読むことにより言語能力の発達を促す効果的な方法です。具体的な効果としては、学習者が自分にとって適した英語の絵本をたくさん読むことで、読書の速度が上がるようになります。このほかにも、英語の多読が学習者の言語能力の発達に良い理由はたくさんあります。例えば、多くの本を読むことにより数多くの単語や文型に繰り返し出会うため、自然に語彙が増えます。自然な文脈の中で使われる表現に

出会い、実際の言葉の使い方を知ることができます。読書の速度が上がり、より滑らかに読めるようになります。その結果、脳内における言語の処理がより自動化され、脳にほかのことを記憶する余裕が生まれます。

学習者が目標を持ち、その達成のため継続的にたくさんの英語の本を読む学習方法を「自己主導的な英語多読」と呼んでいます。GOALはこの学習方法を支援する環境です。この環境はLMSの「Moodle」、BookRollの絵本閲覧システム、GOALの自己主導能力育成支援ツールで構成されています。学習者はGOAL上で自主的に多読プランを作成し、BookRollで多読をします。その感想をMoodleの議論フォーラムに書き込んで共有します。

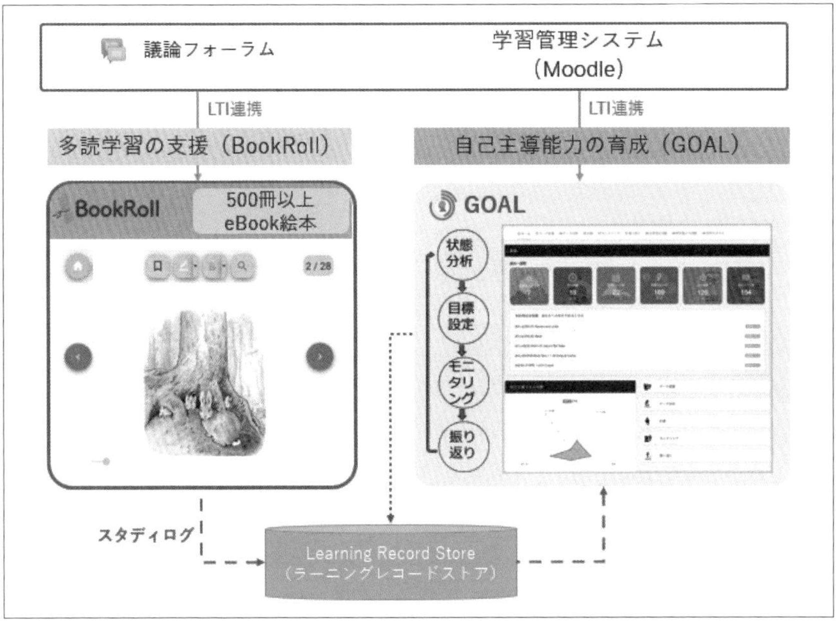

自己主導的な英語多読の支援環境。BookRoll、GOALシステム、LMSを組み合わせる

さらに、多読プランの作成などを容易に管理するため、GOALシステムに英語多読用の学習ダッシュボード（情報集約画面）を開発しました。この上半分には、過去1週間の多読指標一覧とAIから推薦された絵本が表示されます。下半分では、習得した自己主導能力のレベルをグラフで確認できます。関連する画面の説明とリンクも表示されます。

英語多読用の学習ダッシュボード（情報集約画面）

学習支援があれば読書時間は伸びる

自己主導能力が学習者に与える影響を解明するとともに、その育成効果を検証するため、中高生を対象としてGOALシステムを使った実証研究を行いました。1つめの実証研究では、高校1年生47人を対象に「自主学習支援なし」と「支援あり」に分け、3週間の効果を検証しました。支援なしのグループはGOALを使わずにBookRollの英語の絵本を3週間で読みます。支援ありのグループはGOALで毎週個人の多読プランを作成した上で、同様にBookRollを使って英語絵本を読みます。

2つのグループを比較した結果、支援ありグループは支援なしに比べて長い読書時間を確保して、多くの英語絵本を読みました。支援ありグループの読書時間は平均169分で、閲覧した語数は6953語でした。一方、支援なしグループは

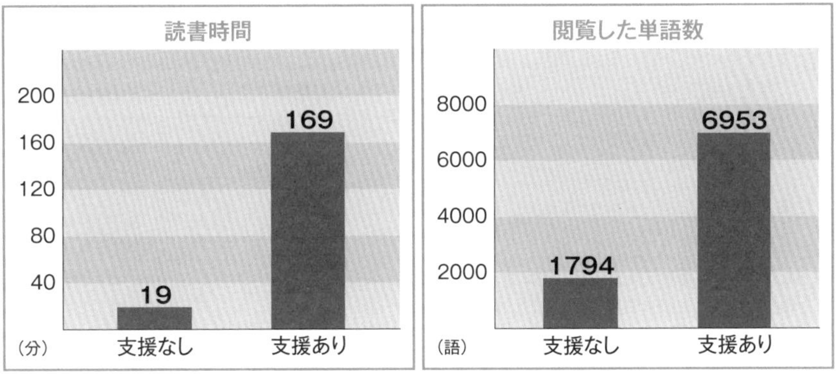

GOALによる自主学習支援があるグループとないグループの多読成果には大きな差があった

それぞれ平均19分、1794語と大きな差がありました。

2つめの実証研究では、中学1年生117人を対象に6週間の英語多読を実施しました。生徒はMoodle上の「多読コーナー」からBookRollのデジタル絵本にアクセスし、GOALで自主活動をして、Moodleの議論フォーラムに参加するという流れです。BookRollには初心者向けから上級者向けまで500冊以上の絵本が登録されていて、生徒が好きな絵本を選べます。生徒は自分のペースで楽しくたくさん読むことをように先生が勧めています。

GOALで生徒が自分なりの計画を立て、それをセルフモニタリングして振り返ります。読んだ後にMoodleの議論フォーラムに質問や感想を投稿したり、ほかの生徒の投稿を閲覧したりして、互いに感想を共有します。この実証開始前に、生徒に自己主導能力に関する自己評価アンケートを実施しました。その評価得点分布の中央値から「自己主導能力が高い生徒」56人と「自己主導能力が低い生徒」61人のグループに分けました。

実証中はBookRollで絵本を閲覧した時間が「多読時間」として記録されます。それに加え、GOALでの計画、セルフモニタリングと振り返りの各段階での操作ログ数から「自己主導的な行動量」を計算します。実証終了後には、生徒のアンケートから「多読のモチベーション」を測定します。

6週間の実験では、自己主導能力の高い生徒は低い生徒と比べて読書時間が大幅に長く、より多くの計画・セルフモニタリング・振り返りに取り組んだ結果、多読のモチベーションが上がりました。このことから、自己主導能力は生徒の多読成果や自主行動、多読のモチベーションに影響を及ぼすことが確認されました。

	自己主導能力が低い生徒	自己主導能力が高い生徒	2群間比較
読書時間（分）	50分	92分	+84%
自己主導的な行動量（操作ログ数）	25	38	+52%
多読のモチベーション（スコア）	4.01	4.29	+7%

自己主導能力が、多読のために読んだ時間、自己主導的な行動量、多読のモチベーションに与えた影響。自己主導能力が高い生徒は多読時間が長く、モチベーションも高い

英語を読む速度が1年間で約3割向上

最後に紹介する実証研究は、中学1年生120人を対象とした1年間の自己主導的な英語多読です。実証の方法は2つめと同じです。BookRollでの閲覧時間と閲覧単語数に基づいて、多読スピードを記録します。また、GOALシステムの操作ログから自己主導能力を計算します。まず、1年間の実験結果では、訓練の前後で多読スピードはWPM（1分間に読める単語数）が99語から132語まで上がりました。

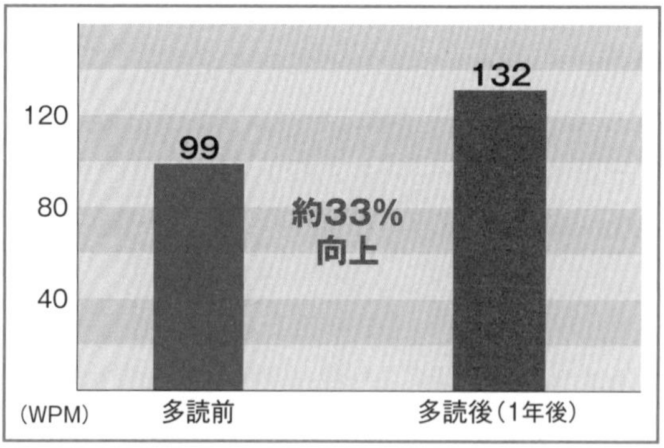

全体の多読スピード（WPM）の変化。GOALを使って自主的な英語多読を1年間続けた結果、1分間に読める英単語の数が約33%増えた

次に、「常に目標を設定している学習者群」と「時々目標を設定する学習者群」の多読スピードを比較しました。前者のWPMは100語から140語に向上したのに対し、後者は97語から124語に上がったものの、向上率には12ポイントの差がありました。

自己主導能力に着目してみると、「常に目標を設定している学習者群」は「時々目標を設定する学習者群」より高かったことが、GOALシステムの操作ログから確認できました。また、前者の自己主導能力の点数は最終的に14.03点にまで向上しましたが、後者は10.63点にとどまりました。

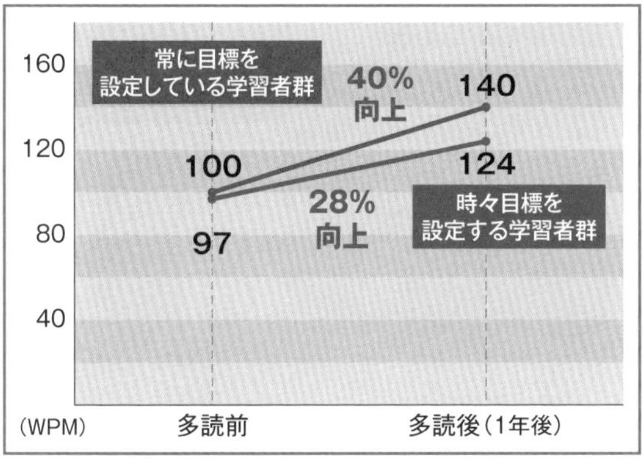

「常に目標を設定している学習者群」と「時々目標を設定する学習者群」における多読スピード（WPM）の変化

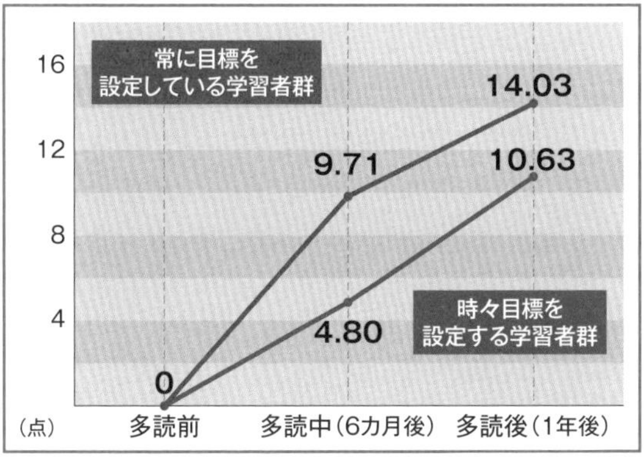

両群の行動データからの自己主導能力の変化

自己主導的な運動習慣の改善

GOALシステムは、英語の多読などの学習活動以外にも、健康づくりのための運動に着目し、生活する中で学習者の自己主導能力を育みます。例えば、スマートウオッチで日々の歩数、運動時間、運動距離などを記録し、そのデータを利用して自己主導的に運動習慣の改善ができます。それによって長期的に運動を継続させ、心身の健康状態を改善します。

こうした運動を支援する環境をGOALシステムで構築しました。学習者はGOAL上で毎月の「大目標」と毎週の「小目標」を設定できます。スマートウオッチから運動データが収集され、状態分析やセルフモニタリングなどができます。

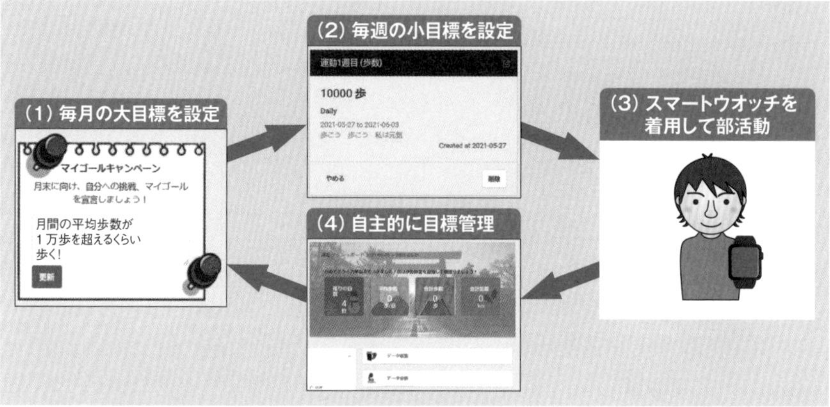

GOAL上で、自己主導的な運動習慣の改善を支援する

自主行動を容易に管理できるよう、運動習慣を改善するためのダッシュボードをGOAL上で開発しました。ダッシュボードの上半分に今月の大目標と1カ月間の運動状況の一覧が表示されます。下半分では、習得した自己主導能力のレベルがレーダーチャートで確認できます。関連する画面の説明とリンクも表示されます。

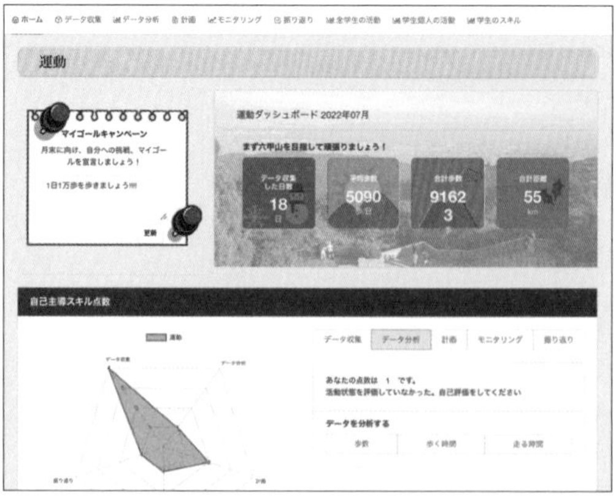

運動習慣改善用のダッシュボード

目標の設定が運動習慣改善に有効であることを確認

健康づくりの運動による自己主導能力の育成効果を検証するため、中学1年生64人を対象に3カ月間の実証研究をしました。前述の支援環境において生徒が毎月運動の大目標を設定し、毎週小目標（運動プラン）を作成します。その後、スマートウオッチを常に着用して部活動などの運動量を記録します。また、GOALシステムの運動習慣改善用ダッシュボードを利用し、運動状態をセルフモニタリングして大小の目標を調整します。同時に、GOALシステムの操作ログから生徒の自己主導能力を計算します。

90日間の実証研究では、「目標なし」「小目標のみあり」「小目標と大目標の両方あり」という3つのグループに分けました。いずれもスマートウオッチを着用しています。3つのグループの歩数と運動日数を比較すると、「目標なし」グループの歩数と運動日数が最も少なく、「小目標と大目標の両方あり」が最も多かったという結果になりました。「目標なし」のグループは毎日3780歩、24日間運動しました。一方、「小目標と大目標の両方あり」のグループは、毎日6331歩、47日間も運動しました。生徒は小目標と大目標の両方を設定することで、運動量を向上させて、運動習慣も改善することができました。

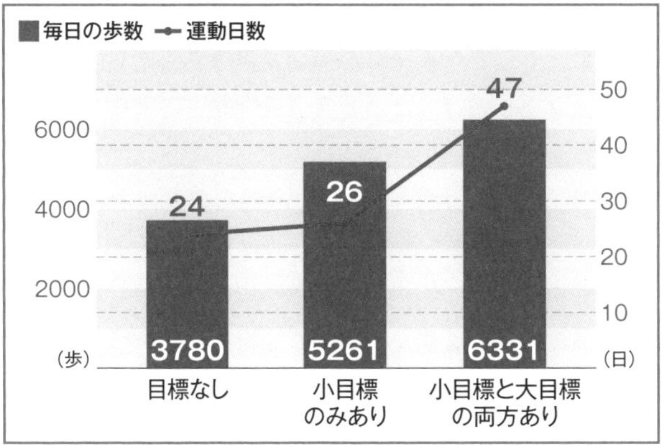

90日間の運動日数（折れ線）と1日の歩数（棒）を、運動目標のなし／ありのグループで比較した

自己主導能力の点数とGOALの使用日数をグループ間で比較しました。「目標なし」のグループは、自己主導能力の点数とGOALの使用日数が、いずれも最も低くなりました。それに対して「小目標と大目標の両方あり」のグループは、点

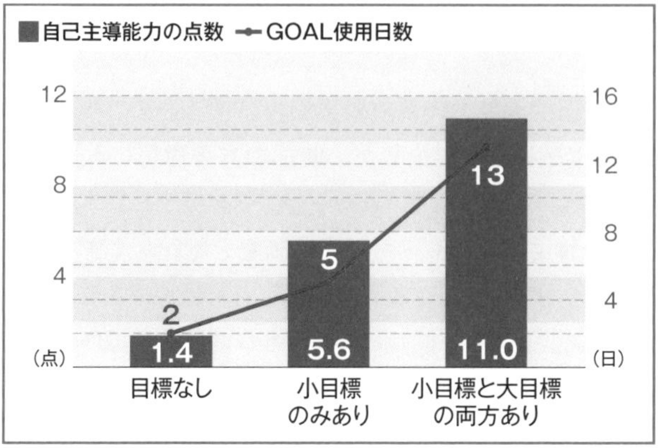

運動目標なし／ありのグループで自己主導能力を比較した。「目標なし」のグループは平均2日間GOALシステムを使用して、自己主導能力の点数は1.4点。「小目標と大目標の両方あり」のグループのGOAL使用日数は平均13日間、点数は11.0点と高かった

数と使用日数のいずれも最も高くなりました。生徒は、小目標と大目標の両方を設定すれば、自己主導能力がさらに高くなることがデータで確認できました。

自己主導能力を支援することが大事

本節では、自己主導能力を育成するために必要な客観的評価基準であるDAPER指標を示し、同時に学習活動を支援するGOALシステムを紹介しました。GOALシステムは、学習や健康づくり運動などの多様な活動を通じて、学習者自身のデータを収集・分析します。そして、学習者が適切に目標を設定し、進捗を確認しながら振り返り、目標を達成し続けることで自己主導能力の育成を支援します。

実証研究の結果からは、活動データを用いて自己主導能力の育成およびその学習行動を支援することの重要性が示唆されました。学習者自身はGOALシステムを用いて自分のデータを分析することにより、自主学習のパターンを知ることができます。今後は個別の活動だけではなく、学習と健康などの多様な活動を互いに連携させて自己主導能力の発展につながる学習環境を提供していきたいと考えています。

オチェジャ・パトリック、志賀 恭子

第6節 分散型学習ログのブロックチェーン(BOLL)

ここでは、金融や医療の分野で見られるブロックチェーンを教育に応用した「BOLL（Blockchain of Learning Logs：ボール）」を紹介します。BOLLは、異なる学校間で分散して管理される学習ログを安全に連結する仕組みを提供します。これにより、学習者の過去の学習状況を適切に把握し、つまずきの要因を突き止め、効率的な学習に誘導することが可能になります。本節では、BOLLの概要と主な機能、学習者の生涯学習を支援する活用法を解説します。また、いくつかの実践事例や、その他の応用可能な分野についても紹介します。

異なる学校間で教育データをつなぐ

学習ログの管理にはさまざまな課題が残っています。例えば学校の教員は、自分が教える学習者が以前通っていた学校の成績や学習方法を知ることができれば、

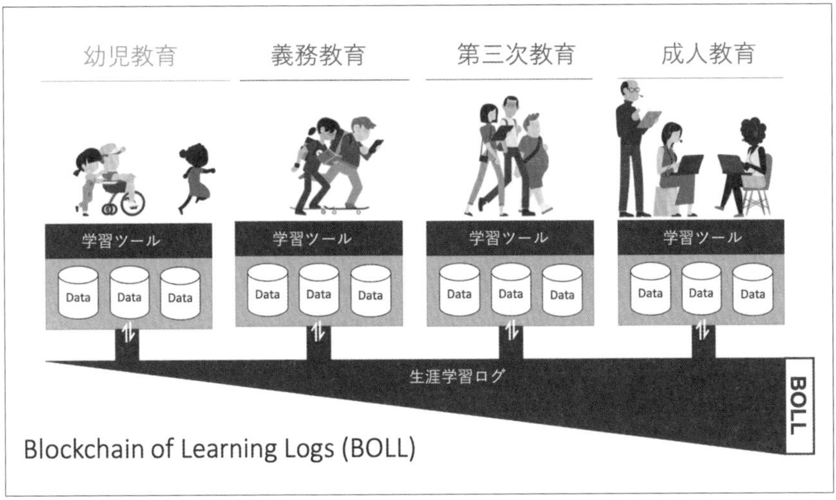

BOLLは、個人の学習ログをブロックチェーン技術によって生涯にわたり連結していく

もっと効率的で適切な指導ができるかもしれません。これは進学する際や転校する場合にも起こります。学校と学習塾の間でも同様の問題があります。こうした問題が起こるのは、異なる教育機関では学習ツールが違うことと、プライバシー保護や安全性を確保するため、それぞれの組織や機関がデータを管理していることに原因があります。また、各組織ではユーザーIDが異なるため、データの連結には困難が伴うことが多々あります。このように、異なる教育機関の間でのデータ共有や管理の連結性は、まだ不十分だといえます。

そこで最近は、欧州などでブロックチェーン技術を利用して、学習教材や資格のアクセス共有や制御をするという動きが始まっています。シュミット(2016)は、ブロックチェーンに基づく学術証明書の作成、発行、閲覧、検証のための公的基準として、ブロックサーツ(Blockcerts)を提案しました。これは、証明書を暗号化してからブロックチェーン上に保存して、改ざんや不正アクセスから保護します。同様に、クオリチェーン(QualiChain)は、学歴や職歴を保存、共有、検証するための非集中型プラットフォームの構築、試験運用、評価を目的としたプロジェクトです。このように、海外の教育分野においてはブロックチェーンの技術の活用が始まっています。

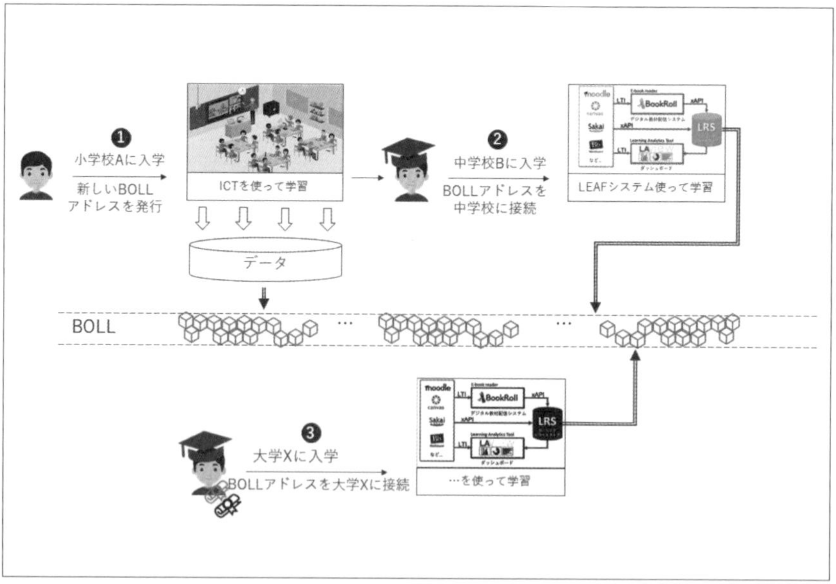

異なる教育機関にまたがって学習ログを連結していける

BOLLシステムの特徴

京都大学 緒方研究室が提案するBOLLのシステムは、学習者がブロックチェーン上で異なる学校間の自分のデータを連結できるようにします。BOLLの特徴として、安全性の確保、追跡透明性、転送機能、検証機能が挙げられます。

(1) 安全性の確保：BOLLは分散型認証によってデータの安全性を確保し、匿名化およびデータ所有者によるアクセス制御により、ユーザーのプライバシーを保護します。

(2) 追跡透明性：BOLLはセキュリティを保ちながら、個人が各教育機関で蓄積した学習データを、生涯にわたって追跡・アクセス可能にします。

(3) 転送機能：学習者は進学や転校をする際、あるいは学校と塾との間で自分の学習データを自動で移行できます。学習データには、学習者の分析結果だけではなく、デジタル教材や授業のスライドも含まれます。そのような転送に関連する許可は、継続的に管理されます。

(4) 検証機能：利用者はBOLLネットワーク上でログの妥当性を検証できます。

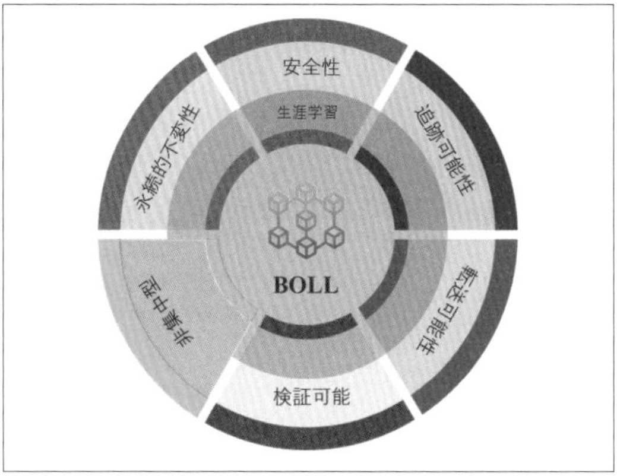

BOLLのシステム設計の概念

BOLLを学校に導入するには

学校は技術的条件と参加条件を満たせば、BOLLのシステムに参加できます。第1の技術的条件は、学校がLTIに対応したLMSを通じて学習ログを蓄積していることです。第2の条件は、学習ログがxAPI（experience API）形式で記録されていることです。「Moodle」や「Sakai」「Canvas LMS」などのLMSは、この2つの条件を満たします。

技術的な条件がクリアできたなら、次は参加条件です。学校がBOLLに参加するには、BOLL学習コンソーシアムへの参加設定をします。ここでいうコンソーシアムとは、全参加者の行動についての規則に合意した学校の集まりを指します。その規則は、学習者の登録方法、学習者の記録を書く際の署名、不適切な行動に対する罰則などが含まれます。

ブロックチェーン上にこのようなコンソーシアムを持つ理由の一つは、規則を監視したり強制したりする第三者が不要になるからです。その代わり、システム自体がこれらのルールを独自に監視し、実行することができます。また、コンソーシアムの設立は、学校の集まりや、できれば文部科学省などが主導することが望ましいです。政府機関が主導するメリットは、必要な教育規制を確実に維持できることです。ただし、政府機関主導のコンソーシアムといっても、政府機関がネットワークを管理するわけではありません。ブロックチェーンネットワークは、コンソーシアムのメンバー間の合意形成によって制御されます。

BOLLシステムに参加を希望する学習者は、まずBOLLコンソーシアムに加盟している学校に入学する必要があります。BOLLコンソーシアム加盟校への入学時に、新しいブロックチェーン認証情報一式が発行されます。学習者もこの認証情報を受け取り、不正なアクセスや使用から保護することが求められます。入学後、学習者がBOLLに接続した学習プラットフォームで学習活動を行うたびに、そのデータがブロックチェーンに書き込まれます。また、学習者はBOLL分析ダッシュボードで情報を確認できます。

保存するデータの内容と種類

BOLLシステムは、学習活動から生成されるさまざまなデータを保存できます。これには、例えば学習行動、指標、得点、成績、課題、グループ活動、教科書などのデータが含まれます。このように異なる内容のデータが存在しますが、BOLLシステムがブロックチェーン上で収集・接続できる学習データに制限を設けているわけではありません。実際、データの内容や種類は、コンソーシアムがどのような学習ログのフォーマットや標準をサポートするかという選択に基づいているのが一般的です。例えば、xAPIはほとんどのLMSが対応しており、得点、成績、証明書、行動指標（コンテンツビュー、履修登録など）を含むさまざまな種類のデータを作成できます。

学校が変わると、使用する教科書や教材も変わります。その情報について、BOLLシステムはBOLL Marketplace（BOLL-M）という拡張機能を提供しています。この機能は、学習者、教員、出版社が適切な著作権保護を受けた上で、学校間でデジタル教材を共有・転送する仕組みです。学校間のデジタル教材の転送は、ハードコピーの教科書を所有するのと同様に、複数の学校でデジタル教科書にアクセスできるようになるため、学習者にとって大きな利点となります。ただし、このようなアクセスは、依然としてコンテンツ所有者が定義する著作権ポリシーに制限されることに留意する必要があります。これらの著作権は、ブロックチェーン上の契約の中で指定されています。

BOLL-M拡張機能のユニークな点は、学習者がデジタル教材を再度閲覧したいとき、閲覧の許可や状況を確認する機能を作者や出版社に対して提供できることです。また、学習者がデジタル教材を利用した分だけ対価を支払う場合にも、閲覧履歴は役立ちます。さらに、学習者や教員が自らコンテンツを作成し、BOLLネットワークを使って異なる学校間で共有することも可能です。

学校間でデータを移行

学習者がBOLLコンソーシアム加盟校から別の学校へ進学や転校をする際、学習データも一緒に移動可能です。これには、学習者が前籍校で発行された認証情報を使って、新しい学校のBOLLシステムにログインする必要があります。また、現籍校が学習者に代わってBOLLに学習ログを書き込むことを承認する必要があります。そうすることにより、現籍校はブロックチェーンにログデータを書き込めるようになり、学習データの継続性を確保できます。現籍校が学習者の前籍校の学習データにアクセスしたい場合は、本人の許可を得る必要があります。

BOLLは、セキュリティとプライバシーの保護を設計と実装の中核とするシステムです。ブロックチェーン技術を使用することで本質的に安全性を確保し、BOLLネットワーク上で報告されたデータの改ざんを防止できます。さらに、BOLLのユーザーは、「スマートコントラクト」を使用し、自分のデータを閲覧できるユーザーを選択できます。具体的には、学習ログが生成されるたびにスマートコントラクトが作成されるか、新しいログデータで更新されます。これらのスマー

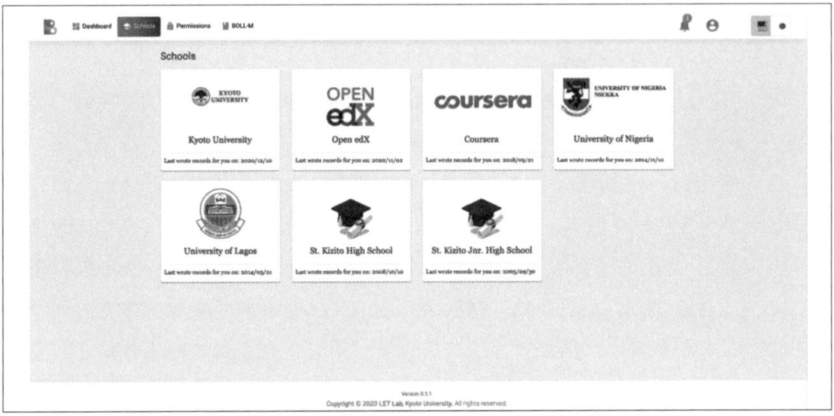

BOLLシステム上で連結された学習者の学習ログを蓄積した教育機関一覧

トコントラクトを管理できるのは、本人、導入校、導入校や本人から権限を与えられた人物に限られます。

転校しても前の学校での学習活動が分かる

教員から「生徒の過去の学習への取り組みが分からない」という話を耳にします。それは多くの教員が抱える共通の問題です。成績表には最終的な成績や点数が記載されていても、その成績表から学習者の学習意欲を測定することは困難です。

BOLLは、学習者が進学転校をした先でも過去の学習意欲を把握できるようにして、この問題を解決しました。現籍校の教員は学習者の前籍校の学習データにアクセスできます。そこから得られる知見は、指導の改善、生徒の学習意欲や学習成果の向上に役立てることができます。次の図は、ある学習者の分析結果の一例です。これは、この学習者の過去の取り組みと成果を包括的に要約した画面です。その学習者が過去にどれくらい学習活動に積極だったのか、スコアにして教員に伝えています。それぞれの評価について、学習者の解答と正解を表示することもできます。

学習者が異なる学校間で習得したさまざまな知識概念を確認できます。例えば、知識マップの概念を用いて、学習者がどの概念をどの程度習得したのかを表示します。次ページ下の図のグラフ上の結節点は、与えられた科目や教材における知識概念を表しています。各結節点の緑色のゲージは、学習者が各知識概念を

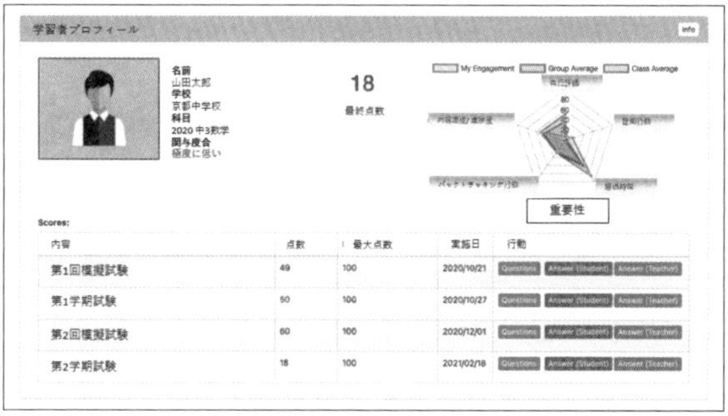

BOLLシステムで確認できる学習者プロフィール

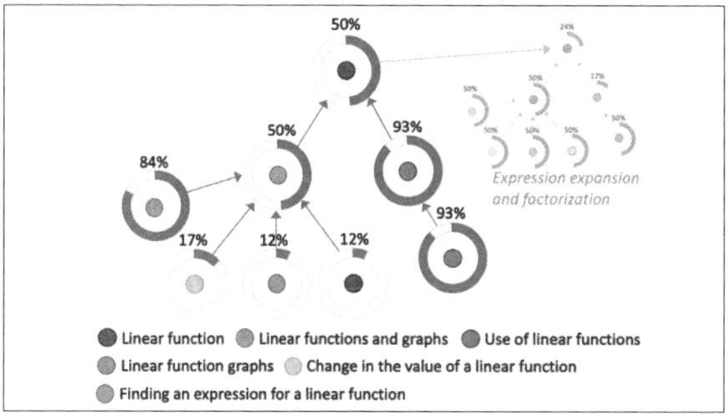

学習者がどの知識概念をどの程度習得したのか、マップで表示する

どの程度習得したのかを示しています。これは、各結節点に付けられた小テストの成績、学習関与度（各概念に費やした時間）やグラフ上の各知識概念の重みによって算出されます。

この図では中学２年と３年の数学のトピックについて詳細を示しています。図の薄くなっている部分の知識概念は、前提条件となる概念です。このような情報にアクセスすることで、教員は学習者が新しいトピックを学ぶ準備ができているのかを把握し、その学習者に適した課題が分かります。

本節では、BOLLを用いた生涯学習ログとコンテンツの接続・転送の重要性を示しました。しかし、いくつかの限界に注意する必要があります。それは、BOLLの広範囲な実装と採用が不十分な点です。このような分散型システムは、広く採用されるかどうかで実用性が大きく左右されるため、国全体で推進する必要があります。

将来的にBOLLは、生涯の学習ログの利用を通して、より効果的な教育や学習を可能にする方法を提示できると確信しています。

緒方 広明、黒宮 寛之、中西 太郎、堀越 泉

第7節

リアルワールドデータからのエビデンス抽出・利用支援

ラーニングアナリティクスはデータを用いて授業や学びを分析・可視化し、教員と学習者を支援します。ただ、現在は1つのクラスや学校のデータを分析・可視化して提供するケースがほとんどで、ほかの学校や自治体で得られた事例や知見の共有はほとんどされていません。また、ラーニングアナリティクスによって見つかった効果的な学び方・教え方等の事例や知見の効果が、エビデンスとしてどの程度妥当であるかは十分に議論されていません。このため、エビデンスに基づく教育のための基盤を全国規模で構築することが求められています。

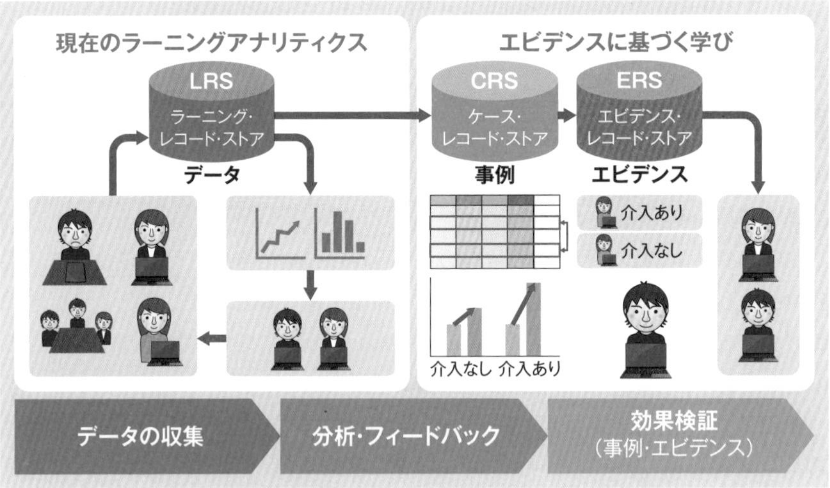

学習分析からエビデンスに基づく教育に進化

リアルワールドエビデンスに基づく教育とは

「エビデンスに基づく教育」は、1996年のデイビット・H・ハーグリーブスの講演をきっかけに注目され、現場の勘や経験によらない教育として期待されています。

従来は、妥当性が高いエビデンスはシステマティックレビューやランダム化比較試験（RCT）によって得られるとされてきました。これらはエビデンスとしての信頼性が高い一方で、大量に抽出することは難しいという課題があります。また、前述のように教育現場における比較実験は倫理面やコスト面で課題がある上、少数事例やネガティブな結果は論文として報告されにくいという問題があります。

これに対して、近年、医療分野では「リアルワールドエビデンス」というキーワードが着目されています。これは実験的な環境ではなく、日々の活動から得られた「リアルワールドデータ」から導き出されるエビデンスのことです。例えば、電子カルテのデータなど、さまざまなリアルワールドデータからエビデンスが抽出されています。リアルワールドエビデンスは従来の手法から得られるエビデンスに比べて信頼性は低くなりますが、多様なエビデンスを大量に集められると期待されています。

類似の事例が蓄積するほどエビデンスのレベルは強化され、研究が適切に設計されている場合、エビデンスレベルはランダム化比較試験に近づくといわれています。このため、従来のエビデンスとリアルワールドエビデンスはどちらの方が良いということではなく、それぞれに強みがあり、互いに補完的な関係にあるといえます。

従来のエビデンス	リアルワールドエビデンス（RWE）	
医療・教育	医療	教育
○ エビデンスの信頼性は高い	○ 多様なエビデンスを収集可能	○ 自動抽出により普段の授業・学習から多様で大量のエビデンスを収集可能
× 大量のエビデンス抽出は困難	× エビデンスの信頼性は低い	○ ユーザーの状況に合ったエビデンスの自動推薦
× 倫理的な課題もある	× 手動抽出・登録が必要なため大量のエビデンス収集は困難	
手動抽出・手動登録・手動検索		自動抽出・自動推薦

従来のエビデンス（RCT、システマティックレビュー）とリアルワールドエビデンス（RWE）

LEAFを用いて日々収集・蓄積される教育ビッグデータはリアルワールドデータです。緒方研究室では、このリアルワールドデータから効果的な学び方や教え方などのエビデンスを自動抽出し、推薦する手法を開発しています。

医療分野ではリアルワールドエビデンスに関する研究が進む一方、教育分野ではまだそれほど着目されていません。しかし、ここ数年で教育の情報化が一気に進展したことにより、教育ビッグデータを蓄積するために必要な下地は整いました。教育分野においてリアルワールドエビデンスを自動抽出する手法を開発することで、従来の手法が抱える課題を解決できると考えています。また、自動抽出のみならず、判断に使えるエビデンスを、その人や状況に合わせて自動推薦することで、リアルワールドエビデンスの利用拡大も期待できます。こうした研究を進めることにより、将来的には「リアルワールドエビデンスに基づく教育」の実現を目指しています。

エビデンス自動抽出の仕組み

LEAFのシステムの中でリアルワールドデータからのエビデンス抽出・利用に関わる機能は、下図の「エビデンス・レコード・ストア」(以下、ERS)と「エビデンスポータル」です。

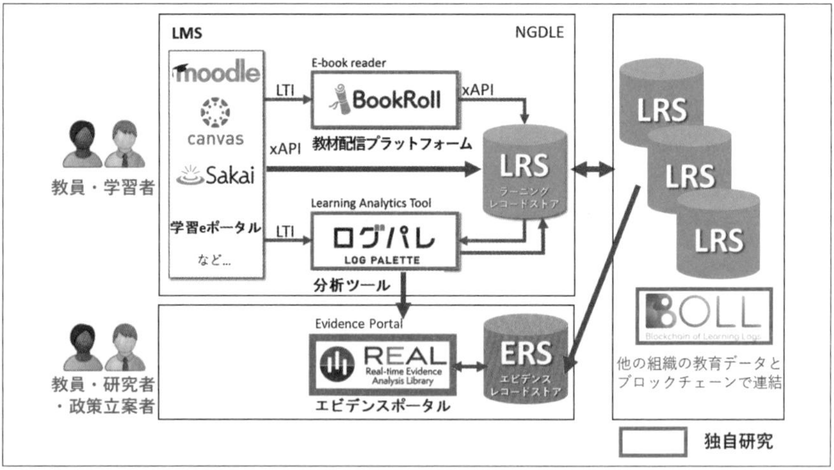

LEAFとエビデンス関連機能の関係。本節の内容は研究開発中のものも多いため、エビデンス・レコード・ストアとエビデンスポータル以外の機能やモジュールも含む

ERSやエビデンスポータルに蓄積される事例やエビデンスは、「CPI-SRモデル」という形式で情報を記録しています。これは、以下の5つの要素の頭文字から名付けられました。

Context（C）：文脈。学校、学年、科目名、単元名、授業内容、教員名、出席学習者など。

Problem/Purpose（P）：問題・目的。授業の目的や介入により改善したい問題、あるいは起こっている問題など。

Indicator（I）：指標。Problem/PurposeとResultを測定するための具体的なデータ。

Solution（S）：解決・介入。教員や学習者がProblem/Purposeの解決・達成のために、どのような介入や行動を行ったか。事例は、このSolutionの効果を記述する。

Result（R）：結果。指標が介入や行動の前後でどのように変化したか。介入や行動の効果。

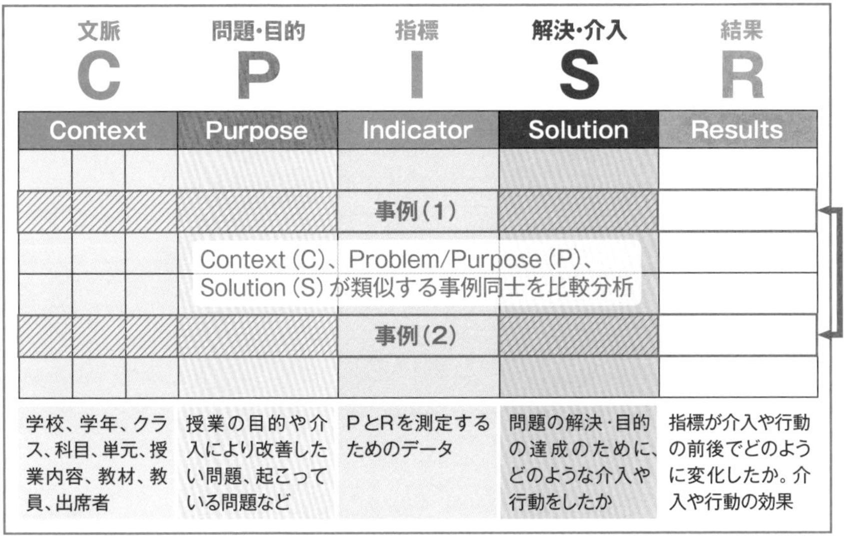

事例を記述・蓄積するための「CPI-SRモデル」と類似事例比較によるエビデンス自動抽出の仕組み

リアルワールドデータからエビデンスを抽出するには、次の3つのステップが必要です。

(1) まず、日々の教員と学習者のログデータを授業ごとに集計し、「授業情報」という形に整理します。これは事例のCPI-SRモデルに近い形をしていますが、Result (R) はまだありません。(2) 次に、ある介入の事前と事後の授業情報を抽出し、Problem/Purpose（P）に適したIndicator（I）を用いて比較します。これにより、指標が介入や行動の前後でどのように変化したか、つまり介入や行動の効果を算出できます。(3) 最後に、事例が蓄積してきたら、Context (C)、Problem/Purpose (P)、Solution (S) が類似する事例同士を比較分析し、その事例のエビデンスとしてのレベルを計算します。これにより、事例からエビデンスへとレベルを上げていくことができます。

このエビデンス自動抽出の仕組みが確立すれば、実験の代わりに、普段の授業・学習のリアルワールドデータから良い教え方・良い学び方の事例が抽出されます。毎日使い続けることにより、さらに事例が集まってエビデンスレベルが上がっていきます。最終的には毎日普通に授業や学習をしているだけで、これまで知られていなかったエビデンスがどんどん明らかになっていくような仕組みを実現していきたいと考えています。

エビデンスを“洗練”させていく

京都大学 緒方研究室は、リアルワールドデータからのエビデンス抽出・利用の仕組みを「Real-World Evidence for Improvement and New-Education (REFINE) モデル」と名付けて、検討を重ねています。REFINEモデルには「データサイクル」「事例サイクル」「エビデンスサイクル」という3段階のサイクルがあります。

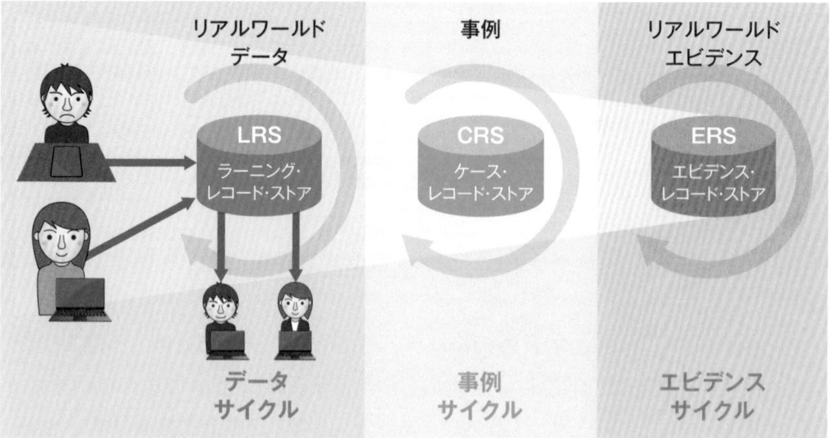

「Real-World Evidence for Improvement and New-Education (REFINE) モデル」では、3段階のサイクルを回していくことによりエビデンスが洗練（REFINE）されていく。REFINEという言葉には、このサイクルを回していくことでエビデンスが洗練されていく過程のイメージを込めている

データサイクルは、現在一般にラーニングアナリティクスとして行われているものです。このサイクルでは、まず学習や授業によってリアルワールドデータが蓄積します。このデータを分析し、可視化や推薦などのフィードバックが行われます。行動とその結果のフィードバックを見た学習者や教員は、そのデータに基づいて意思決定をし、次の行動を起こします。その行動と結果は、またリアルワールドデータとして蓄積します。

データサイクルでは、リアルワールドデータに基づいた分析結果が用いられるため、サイクルの回転を速くできる一方で、提示・利用される知見はエビデンスとして十分に検証されているわけではありません。REFINEモデルでは、従来のラーニングアナリティクスを発展させ、日常的に授業・学習を行うことで、リアルワールドデータから自然とエビデンスが抽出される仕組みを目指しています。

まず、普段の授業・学習でリアルワールドデータが蓄積し、そのデータを使ってまた次の授業・学習が行われます（データサイクル）。データが蓄積すると、事例抽出の仕組みを使って良い教え方・良い学び方の事例を抽出でき、それを参照して授業・学習が行われます（事例サイクル）。事例が蓄積すると類似の事例が増え、エビデンスと呼べるものを抽出でき、それを参照して授業・学習が行われます（エビデンスサイクル）。この３段階のサイクルをどんどん回していくことで、リアルワールドデータからリアルワールドエビデンスが抽出できると考えています。

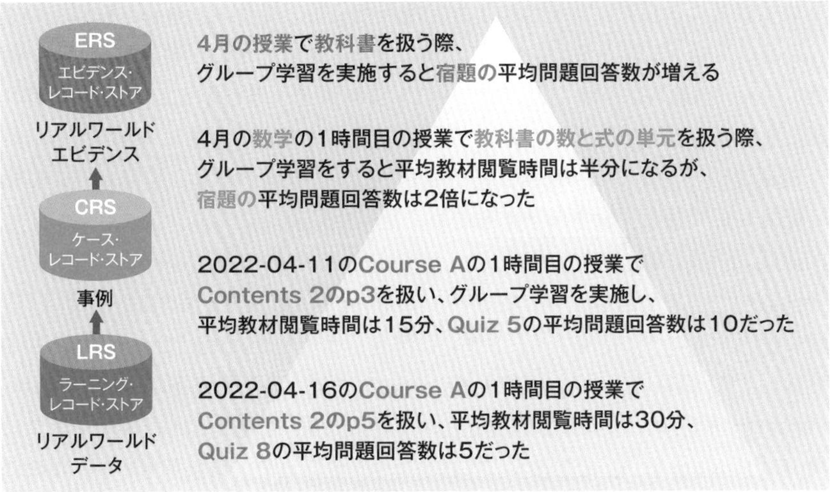

REFINEモデルにより、リアルワールドデータから事例、エビデンスへと洗練されていくイメージ

計画と振り返りによる授業改善と事例蓄積

エビデンスの自動抽出は開発途上ですが、その前段階として授業の情報を教員に記録してもらい、それに基づいて授業改善と事例抽出を行う仕組みは、既に「授業情報パネル」としてログパレに組み込まれています。

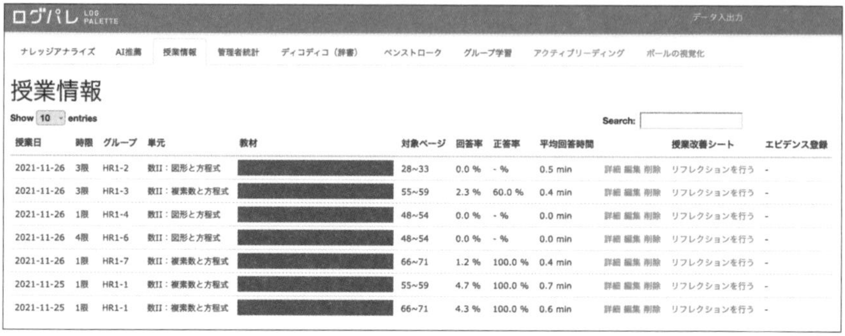

授業日	時限	グループ	単元	教材	対象ページ	回答率	正答率	平均回答時間		授業改善シート	エビデンス登録
2021-11-26	3限	HR1-2	数II：図形と方程式	[redacted]	28~33	0.0 %	- %	0.5 min	詳細 編集 削除	リフレクションを行う	-
2021-11-26	3限	HR1-3	数II：複素数と方程式	[redacted]	55~59	2.3 %	60.0 %	0.4 min	詳細 編集 削除	リフレクションを行う	-
2021-11-26	1限	HR1-4	数II：図形と方程式	[redacted]	48~54	0.0 %	- %	0.0 min	詳細 編集 削除	リフレクションを行う	-
2021-11-26	4限	HR1-6	数II：図形と方程式	[redacted]	48~54	0.0 %	- %	0.0 min	詳細 編集 削除	リフレクションを行う	-
2021-11-26	1限	HR1-7	数II：複素数と方程式	[redacted]	66~71	1.2 %	100.0 %	0.4 min	詳細 編集 削除	リフレクションを行う	-
2021-11-25	1限	HR1-1	数II：複素数と方程式	[redacted]	55~59	4.7 %	100.0 %	0.7 min	詳細 編集 削除	リフレクションを行う	-
2021-11-25	1限	HR1-1	数II：複素数と方程式	[redacted]	66~71	4.3 %	100.0 %	0.6 min	詳細 編集 削除	リフレクションを行う	-

ログパレの「授業情報パネル」は、授業情報の登録とそれに基づく授業状況の把握、授業改善のための機能

授業情報パネルには、授業計画の登録、学習状況の分析、介入効果の測定という３つの機能があります。これらを通して授業改善を行うと、前述の事例を蓄積していけます。

まず教員は、授業計画機能により、授業の日時、クラス、単元、教材、つまり授業の文脈（C：Context）をシステムに登録します。次に、学習状況分析の機能により、宿題の回答率、正答率、平均学習時間を分析・表示し、学習者の取り組みを把握します。それを受けて、問題への介入を検討します。

授業情報パネルには「授業改善シート」という機能があり、学習状況の分析で発見した問題とそれを解決するために授業中に試してみる介入を登録します。例えば、「宿題の提出率が低い」ことが明らかになった場合、それを問題（P：Problem）として登録します。続いて、それに対する解決策を検討し、例えば「宿題を提出するように指導する」と決めた場合、それを介入（S：Solution）として登録します。最後に、介入の効果を測定します。先ほど問題の把握に用いた指標（I：Indicator）を用いて、介入の前後でどの程度の効果があったのかを確認でき、結果（R：Result）を分析できます。これにより、各介入の効果を把握でき、次の授業における介入を検討する際に生かせます。

下図は、ある実証実験の1カ月間に授業情報パネルを用いた授業中、実際に介入があった数を表しています。対象は数学の授業で、高校1年の7クラスです。

	アンケートを出すように指導	宿題を出すように指導	宿題の類題演習を行う	正答率の低かった問題を解説	介入なし
クラス1	2	3	2	0	6
クラス2	0	0	3	3	7
クラス3	0	0	0	0	13
クラス4	0	0	7	0	6
クラス5	0	0	7	0	6
クラス6	0	1	1	3	8
クラス7	0	0	0	0	13

実際に行われた4種類の介入。「介入なし」には、分析結果を確認したが介入の必要がないと教員が判断した場合を含む

授業情報パネルでは、問題と介入効果を計算するための指標にLEAFの学習ログを使っています。日常的な学習ログなしで、宿題の解答率、正答率、平均学習時間などを毎回把握することは、回収や集計の手間を考えると現実的ではありません。しかしラーニングアナリティクスを用いることで、根拠に基づいた授業計画、介入指導やその効果検証が容易になり、授業改善につながります。

さらに、授業情報パネルを使えばCPI-SRの流れに沿った授業ができるため、普段の授業からCPI-SRの全ての要素がそろった事例が1つ完成します。この事例は、どのような文脈の授業から得られたものであるかが記録されており、類似の授業を実施する際に、有効な介入の例として参照できます。この授業情報パネルを用いた授業が日常的に行われていくと、実証研究を行わなくても事例が多数蓄積されていきます。この事例に対して前述のREFINEモデルを適用することで、文脈の類似した事例を比較・分析し、日常的な授業から得られるリアルワールドデータからエビデンスを抽出することも可能になります。

教員自身による介入効果推定と事例の登録

初期の授業情報パネル機能では、授業の登録と事例の蓄積は教員も行うことができましたが、蓄積した授業の情報から事例を抽出する部分は、研究者が分

析する必要がありました。これに対して「介入効果推定」機能では、「授業情報パネル」に登録した授業の情報を基に、教員が介入の効果を推定できます。この機能は、授業情報パネルの「前の授業と比較」ボタンを押すことにより起動でき、LEAFの学習ログを用いて介入の効果を推定します。

この機能では、授業においてある介入を行ったときに、その授業と類似の文脈（学校、学年、クラス、科目名、単元名、授業内容、教材、教員名、出席学習者など）の授業を「ベースライン（対照群）」として指定することにより、この2つの授業を比較し、介入の効果を検証します。例えば、グループ活動による個人の学習への効果を検証したい場合、グループ活動をした回を「介入」、実施しなかった回を「ベースライン」、閲覧時間を指標として指定し、「分析」ボタンを押します。

こうして授業における介入の効果を教員自身が検証できます。この機能は、事前に意識的に比較実験を設計するのではなく、日常的に蓄積するログデータと授

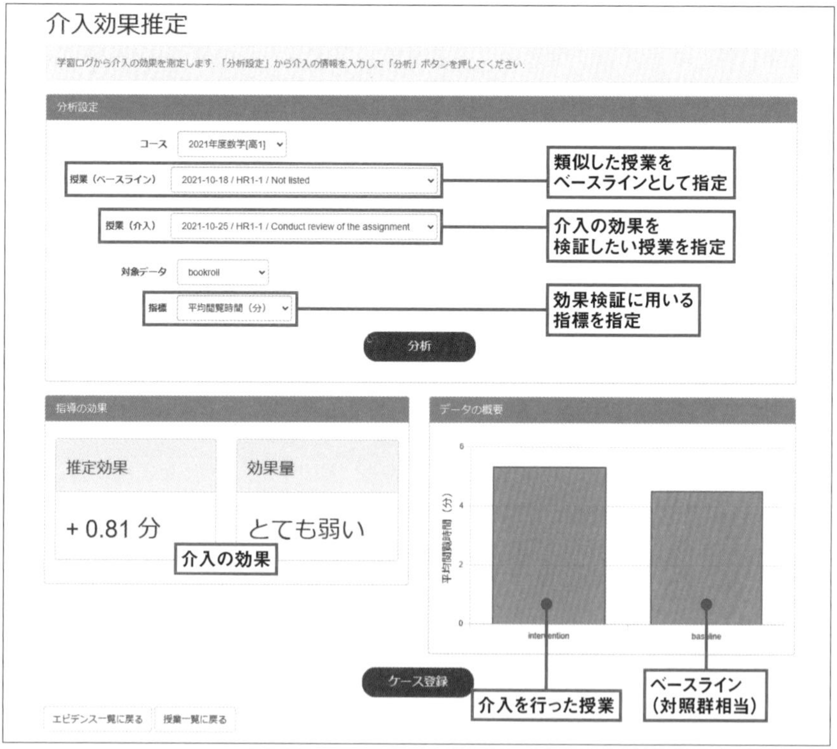

ログデータを用いた「介入効果推定」機能

業の記録を用いて擬似的に比較実験を行うという考え方で設計されています。これにより、日常的な授業実施の中に、教員の手による効果検証と事例抽出を組み込めます。

分析を行ったのち、効果の高い事例が見つかったときは、「ケース登録」ボタンを押すと、事例としてERSに登録できます。ERS に登録された事例は、ログパレ内の「事例一覧」機能で確認でき、次の授業設計時に参照できます。このとき、科目、学年（文脈：Context)、指導法（介入：Solution)、効果量（結果：Result）ごとに検索もできます。これにより、「これから行う授業の文脈に近い事例を探す」「実施を検討している介入の効果を調べる」「効果の高い事例を探す」といった使い方ができます。

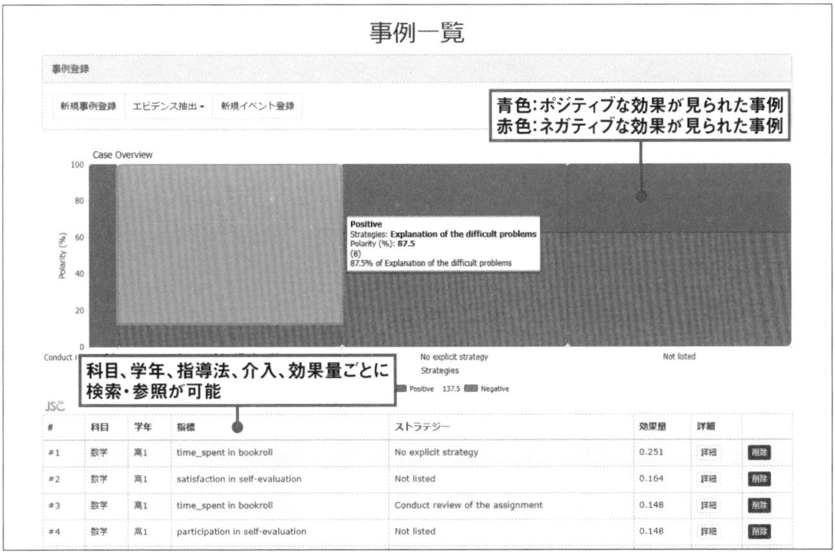

エビデンス・レコード・ストア（ERS）に登録された事例を表示する事例一覧機能。科目、学年、指導法、効果量ごとに検索・参照が可能

比較対象授業を自動探索する研究

授業情報パネルと介入効果推定機能は既にログパレに実装され、実証実験も始まっています。これらの機能をさらに発展させた「比較対象授業の自動探索」の研究を紹介します。

前述の介入効果推定機能は、意識的に比較実験を設計するのではなく、日常的に蓄積するログデータと授業記録を用いて擬似的に比較実験をします。これにより介入の効果を検証するという、リアルワールドエビデンス抽出に向けた第一歩が実現しました。一方、この機能では比較すべき介入群と対照群に相当する授業の手動での指定が必要であり、大量のエビデンスの抽出は難しいという課題が残ってしまいます。

この問題を解決するため、ある介入を行った授業に対し、学年などの文脈情報が類似した授業の中から対照群に相当する授業を自動で探索する手法を開発しています。具体的には、授業をプログラムが理解できる形式の授業情報で表現し、授業情報の集まりに対して授業の「文脈」の類似性を計算し、比較すべき授業を探索します。

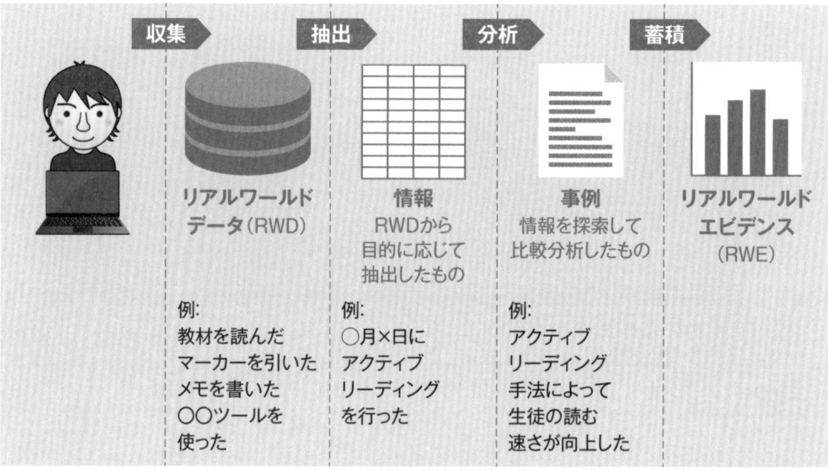

リアルワールドデータからリアルワールドエビデンスを自動抽出する仕組み。リアルワールドデータから授業単位などに整理し、文脈情報の類似性などから比較すべき授業を自動で探索して比較し、事例を抽出する

この手法を検証するため、実際のログデータを用いて、ある介入を行った授業を指定し、この授業の対照群に相当する授業を探索しました。その結果、文脈が類似する授業が自動で抽出され、効果を検証できました。この研究はまだ始まったばかりですが、これからも発展させていくことにより、リアルワールドデータから大量のリアルワールドエビデンスを収集可能になります。こうして、エビデンスに基づく教育の実現に、さらに一歩近づくと期待しています。

日々の授業や学習から自動でエビデンスを抽出

筆者らはLEAFを構築し、実際の現場でリアルワールドデータを収集・蓄積してきました。本節では、その次の段階として、これらの機能を発展させたリアルワールドデータからのエビデンス抽出の研究を紹介しました。

これまでのリアルワールドエビデンスは、医療分野も含めて手動での比較分析やシステマティックレビューを経た登録が必要で、大量のエビデンスの収集は困難でした。また、利用するには検索などの手間があり、なかなか利用が拡大してきませんでした。

しかし、この研究により自動抽出の仕組みが確立すれば、普段の授業・学習で記録されるリアルワールドデータから良い教え方・学び方の事例が抽出されます。さらに、毎日使い続けることにより、事例が集まってエビデンスレベルが上がっていくと考えています。そして、最終的には毎日普通に授業や学習をしているだけで、これまで知られていなかったエビデンスがどんどん明らかになっていく、そんなループを実現していきたいと考えています。

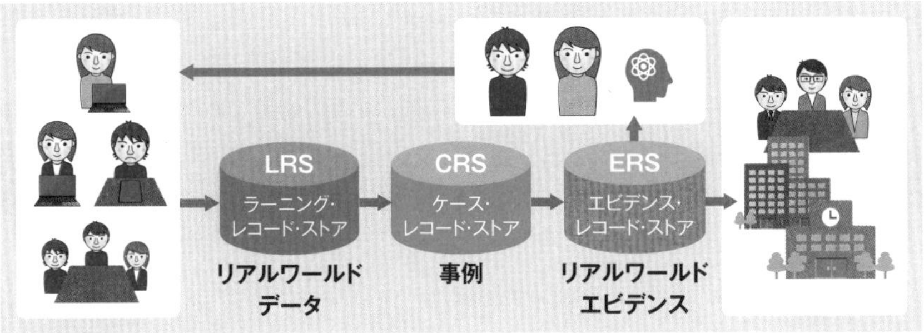

リアルワールドデータによるエビデンスに基づく教育のループ。普段の授業・学習をしているだけリアルワールドデータ、事例、エビデンスが蓄積していく

島田 敬士

第8節 教育データ分析コンテストの目的と歴史

本章で詳しく紹介してきたLEAFやBookRollなどのラーニングアナリティクスシステムをはじめとして、さまざまな教育・学習支援システムを導入する動きが活発になってきました。一方で、実際に導入したシステムにどのようなデータが蓄積され、それをどう分析すればよいのかなど、具体的なデータの活用法についての知見やノウハウは、現場の教員間はもちろんのこと、研究者の間でもまだ十分に共有されていませんでした。

このような状況の中、2018年ごろから教育データの分析技術を共有したり議論したりする場として、教育分野におけるコンピューターの利活用に関する国際会議であるInternational Conference on Computers in Education（ICCE）や、ラーニングアナリティクス分野における最高峰の国際会議であるLearning Analytics and Knowledge Conference（LAK）でワークショップを開催してきました。2019年に開催したLAKのワークショップでは「Data Challenge」と銘打って、匿名加工された教育データを参加者に提供し、BookRollのデータを実際に分析して学生の成績を予測するというチャレンジを実施しました。同チャレンジはその後も2020年、2021年、2022年のLAKで国際ワークショップとして続いています。

教育データ分析コンテストの概要

国内でも教育データ分析を身近なものとして触れてもらう機会を作ることを目的に、2021年には国内向けのコンテストとして「SIP教育データ分析チャレンジコンテスト」を開催し、59チームの参加がありました。その後、エビデンス駆動型教育研究協議会の主催で2022年に「第1回 教育データ分析コンテスト」の開催に至りました。このコンテストには90人が参加しました。コンテストの詳細については後述します。

このように、教育データ分析コンテストの歴史はまだ浅いですが、既に研究者、

教育データ分析コンテストのWebサイト

技術者、教員、学生など多くの方々が興味を持ってくださり、コンテストも盛況が続いています。2023年3月には「第2回教育データ分析コンテスト」の結果を発表しました。

データから将来の成績を予測する

本コンテストでは、実際の教育現場で収集されたデジタル教材の閲覧ログデータを参加者に提供し、各自でデータ分析のプログラムを開発します。分析結果の精度や分析の方法、あるいは分析の着眼点の斬新さなどを参加者間で競争、共有してもらうことが目的です。特に2022年に開催したコンテストでは、2020

年の新型コロナウイルス感染症の流行に伴うオンライン授業期間中と、それ以前の対面授業期間中の両方の教育データを提供することで、対面授業とオンライン授業の比較分析をするという新しいチャレンジも設定しました。

1つめのチャレンジは「成績予測」です。各学習者のデジタル教材の閲覧ログデータ（閲覧行動データ）と、それに対応する成績データを利用します。分析の対象は15週間の授業期間中に収集された閲覧行動データで、参加者は5週経過時点、10週経過時点、15週経過時点でそれぞれ最終成績のスコアを予測する問題に挑みます。

成績予測チャレンジのデータセットは「Kyo-dataset」という名前で提供されています。教育データを提供するために、BookRollの実証研究校で蓄積された閲覧行動ログデータから行動モデルを構築し、そのモデルから1万人分の仮想学習者データを生成しています。また、同モデルを利用して、100人分の検証用データと評価用データ（非公開）も生成しています。

成績予測の精度評価には二乗平均平方根誤差（RMSE: Root Mean Squared Error）を用います。評価用データを使って最終成績の正解値と予測値の誤差が評価され、誤差が小さいほど良い予測結果を出力できたことになります。

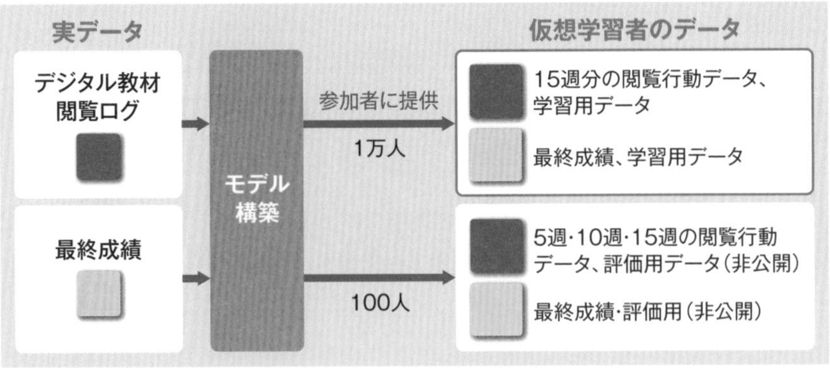

仮想学習者データ生成の流れ

データからエビデンスを発見する

もう一つのチャレンジは「エビデンス発見」です。2019年に実施された対面授業と2020年に実施されたオンライン授業の閲覧行動データを用いて、学習活動を比較分析します。新型コロナウイルス感染症が拡大する前後で学習行動に変化が生じたこと、あるいは変化が生じなかったことについて、データを分析して発見します。

こちらのチャレンジには「Kyu-dataset」というデータセットを用います。前述の閲覧行動ログデータは、Kyo-datasetと同じフォーマットで提供しています。成績情報には、各学習者の日々の小テストなどの評価結果から算出されたスコアを基に、5段階で評価した結果を用います。そのほかの分析に必要な情報として、各授業で使用した資料の番号とページ数、授業の開始時刻、終了時刻が記録されたデータも提供しています。また、2020年はコロナ禍で授業の開講回数が1回少なかったので、授業回ごとの資料の年度間対応関係を記載した補助データも併せて提供します。

エビデンス発見の評価は定量評価が難しいため、ダブル・ブラインド・ピアレビュー（投稿者情報と評価者情報を伏せて評価する）を採用しています。複数の評価者が分析の着眼点の斬新さ、説明の明瞭性、得られた分析結果、エビデンスの信ぴょう性、総合評価をそれぞれ5段階で評価した結果を集計し、最終的な順位を決めます。

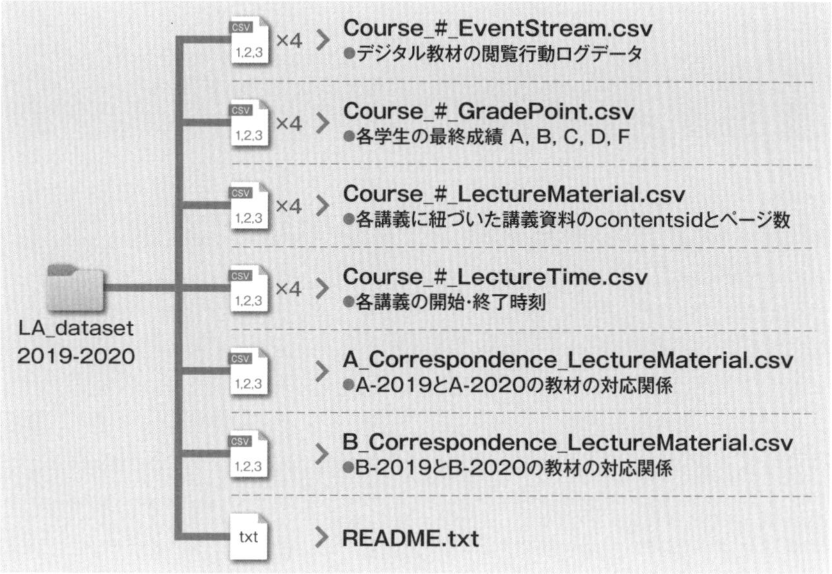

エビデンス発見チャレンジで提供されたデータセットの構成

分析プログラムの開発環境

　コンテストでは、参加者が各チャレンジに取り組んだ成果物として、プログラムの開発環境の提出もお願いしています。近年は、手元にも容易にプログラミング環境を準備できるようになってきていますが、評価の公平性、効率性の観点からクラウド開発環境の利用を推奨しています。具体的には、グーグルが提供している「Jupyter Notebook」のクラウド実行環境である「Google Colaboratory」の利用を推奨しています。

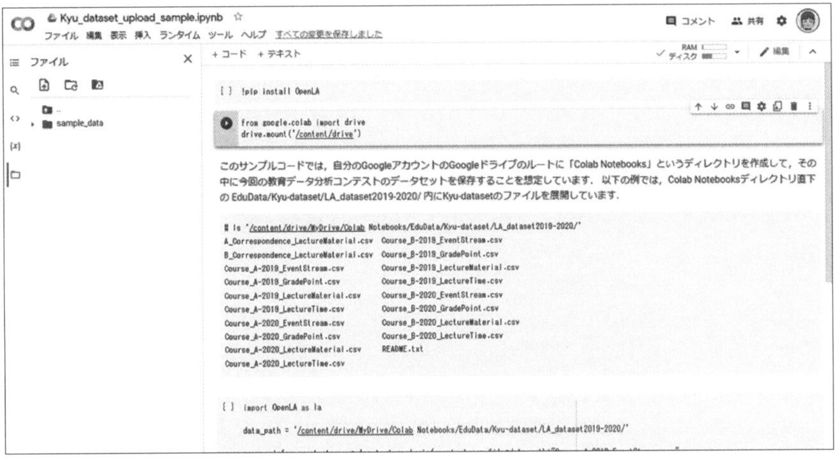

グーグルが提供する「Google Colaboratory」の画面

分析プログラム開発支援ライブラリOpenLA

　BookRollなどの教材配信システムのログは、ユーザーの識別子、デジタル教材を操作した際のイベントの種類とタイムスタンプが主な構成要素です。これらの情報を基に「各ユーザーがどの教材のどのページにどれくらいの時間アクセスしていたか」などの情報に変換することで、基本的な分析が始まります。集計の観点はさまざまですが、ページごとの閲覧時間の計算や、所定の時間帯に生じたイベントの回数を取得する処理などは、データ分析者の多くが基本情報として計算する共通性の高い処理です。そのため、共通性の高い処理、つまり、多くの研究者が利用しそうな処理については、対応する関数群をあらかじめ用意し、

「OpenLA」というライブラリとして公開しています。

OpenLAは、Pythonというプログラミング言語で開発されています。(1) イベントログのデータや授業情報、ユーザーリストなどの基本情報を取得する基本モジュール (2) 指定した期間の情報やページのアクセス履歴等を抽出するモジュール (3) データの集計処理をするモジュール (4) ユーザー単位やページ間遷移などの活動情報にデータを変換するモジュール (5) 教育データを可視化するモジュールの5つで構成されています。先に紹介したGoogle Colaboratory環境にも簡単に導入できるようになっています。

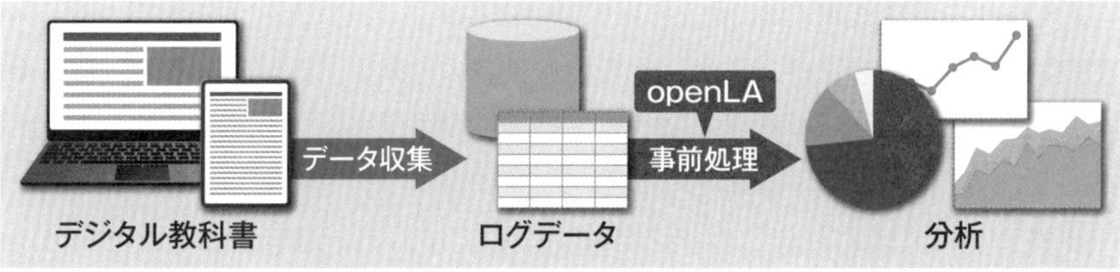

ログデータ(Rawデータ)と分析処理を接続する「OpenLA」

データ分析コンテストの結果概要

2022年に実施した「第1回教育データ分析コンテスト」の結果概要を紹介します。約50日間の参加登録期間中に90人の参加者からデータセットの利用申し込みがありました。内訳は、成績予測チャレンジのKyo-datasetが80件、エビデンス発見のKyu-datasetは76件でした。参加者の所属は77%が大学関係者、23%が企業の方などでした。最終的に各チャレンジへの分析結果の投稿件数は、成績予測が20件、エビデンス発見が6件でした。同じ参加者が両方のチャレンジに分析結果を投稿しているケースもありました。

成績予測部門では、評価用データに対して0～100点の範囲で成績予測をします。その予測誤差を、正解データに対するRMSEスコアとして計算しました。従って、RMSEのスコアが小さいほど精度が高く、成績は上位になります。最も予測誤差が小さかった参加者のスコアは10.99でした。2022年3月に開催された結果発表会では、上位3人の入賞者の表彰式と入賞者のプレゼンテーションが行われました。入賞した分析手法については、教育データ分析コンテストのWebサイトで公開している資料をご参照ください。

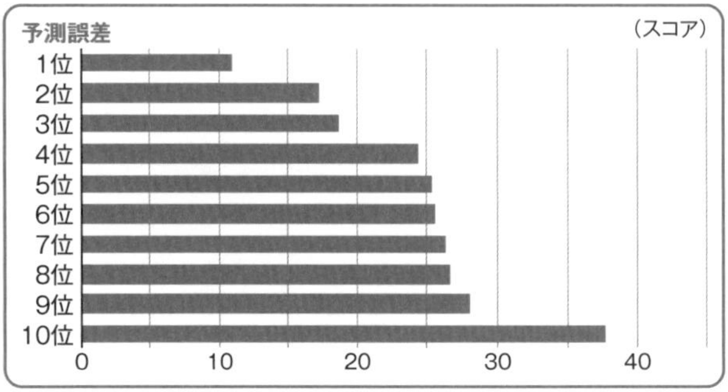

成績予測に挑戦した上位10件の予測誤差

エビデンス発見部門では、４人の評価者によるダブル・ブラインド・ピアレビューを実施しました。前述のように、分析の着眼点の斬新さ、説明の明瞭性、得られた分析結果、エビデンスの信ぴょう性、総合評価をそれぞれ5段階で評価しました。その結果を統合し、最終的に総合スコアが高い３人を表彰しました。

入賞者が取り組んだ分析方法の詳細については、コンテストのWebサイトをご参照ください。オンライン授業と対面授業の差異を分析するため、さまざまな観点から仮説検証がされていました。授業前後の活動量に着目する手法、オンライン授業での教員の評価基準の変更の有無に着目する手法、デジタル教材に対するアクションの頻度をグルーピングする手法など、とても興味深い方法が投稿されていました。

この節では教育データ分析コンテストを紹介しました。教育データの利活用は今後ますます重要な取り組みになるでしょう。これからも教育データに触れられる機会を提供していきたいと考えています。国内外で引き続き教育データ分析コンテストのイベントを継続していく予定です。本書をご覧のみなさまも、ぜひご参加をご検討ください。

第
3章

授業と学びはどう変わったか

教員は、ラーニングアナリティクスによって学生や生徒がどこでつまずいているのかが分かり、その後の指導に役立っています。学習のつまずきから授業についていけなくなった学生を早期に発見し、教員が早い段階で支援することが可能になります。特に、経験の浅い教員にはラーニングアナリティクスが強い味方になるでしょう。また、「なぜこの問題を解くように勧めるのか」を説明できるようにしたAIは、学習者が問題に取り組む意欲を向上させました。ここでは「LEAF」の実践事例を紹介します。

江口 悦弘

第
1節

データを見取りに役立て授業を改善

京都市立西京高等学校の前身は西京商業高等学校で、2004年に現在の体制に移行しました。生徒全員が「エンタープライジング科」に所属し、「国際社会に貢献し活躍できるグローバルリーダーを育成する」という独自の教育方針を掲げています。育成する力の一つにコミュニケーションがあり、英語運用とICT活用に力を入れています。

京都大学 緒方研究室の実証研究に早くから協力していて、「BookRoll（ブックロール）」「ログパレ」「EXAIT」（Educational Explainable AI Tools：エキサイト）、「GOALシステム」を授業に取り入れています。数学の教科書などはBookRollに登録されていて、生徒はコンピューター上で閲覧したり、ペンなどで書き込んだりできます。

西京高等学校・附属中学校は、京都市立としては唯一の中高一貫校

生徒の思考過程まで把握できる

高等学校の数学を教える田中英歳先生は、「これまで十分に見取れなかった生徒を見取れるようにして授業を改善したい」という思いから、ログパレの「ペン

ストローク」機能を使って授業をしました。数学では、何行にもわたる式を書いて解いたり証明したりすることがあります。これを生徒がコンピューター上でペンを使って記述すると、後で録画を再生するかのように再現できます。書くのに時間がかかった箇所は赤で表示されるので、生徒の手がどこで止まったのか、ひと目で分かります。紙のノートを見ても生徒が悩んだところは消されていて分かりませんが、ペンストロークを見れば正解に至る過程やかかった時間まで把握できるというわけです。

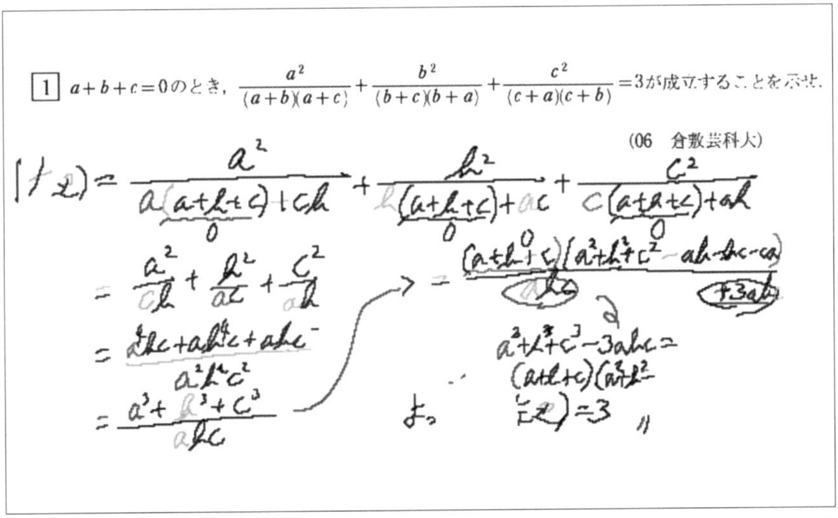

ペンストローク機能では、生徒がペンで書くのにかかった時間が色分けして表示される。赤は時間がかかったことを示す（出所：田中英歳氏の発表資料）

さらに田中先生は、生徒同士の悩みの共有にもペンストローク機能を活用しました。最近は数学の授業でも協働的な学習をするようになっているそうです。「このように考えたので、この解法を使った」といった話をして考え方を共有しますが、言葉で説明しても全てを伝えられるわけではありません。

そこで、生徒たちのペンストロークを再生して大型提示装置に映しました。生徒全員がそれを見ることで、「ここまで式を書いてきたが、途中でほかの解法を思い付いたので消して書き換えた」というところまで共有できました。ひらめきに至るまでの過程をほかの生徒と手軽に共有できるのは、これまでの学習方法にはなかったメリットでしょう。

GIGAスクール構想の前から生徒が各自のコンピューターを授業と学習に活用している（出所：田中英歳氏の発表資料）

田中先生は、日々の家庭学習においてAI（人工知能）による問題推薦も取り入れました。家庭学習で生徒に問題集を解くように指示した場合、その進捗を見取るにはノートなどを集めて1つずつチェックするしかありませんでした。先生が毎回確認して指導するとなると、負担が大き過ぎます。

そこでAIの出番です。生徒が解いた問題の正誤などを分析し、「解いた方がよい問題」をAIが推薦します。これまでなら、先生が「この問題を間違えたなら、こちらの問題を解いてから再挑戦しなさい」というふうに指導していたところを、ある程度自動化できます。先生一人では全ての生徒にはなかなか目が届きませんが、AIがそれを補ってくれます。田中先生は、「学習進捗の見える化と教員との共有が、これまでもよりも手間を掛けずにできる」と手応えを感じています。

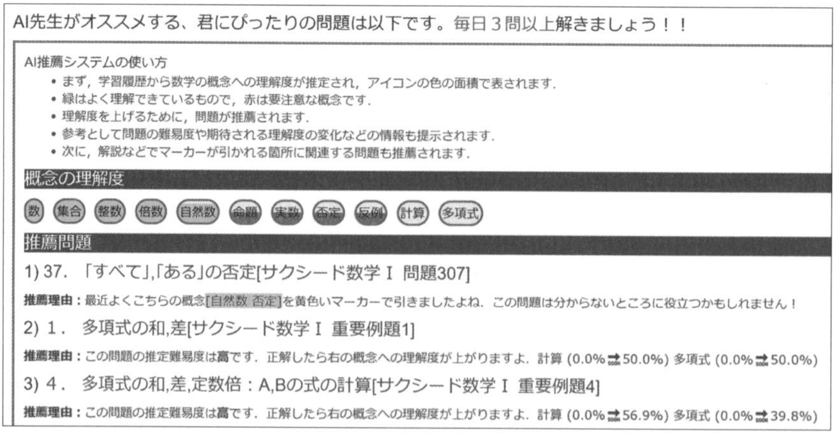

数学の問題の正誤などの学習履歴を分析し、十分に理解できていない概念に関連した問題をAIが推薦する。EXAITでは推薦する理由も表示される

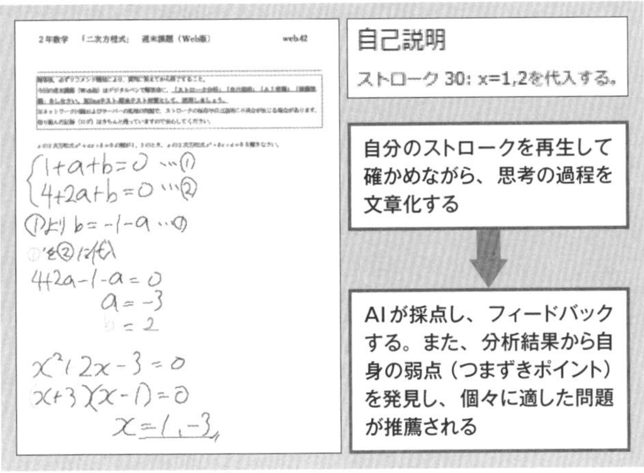

こちらは附属中学校の数学における実践。ペンストローク再生をしながら生徒が自己説明をして理解を深める。同時に、AIが問題を推薦する（出所：宮部剛氏の発表資料）

家庭学習の様子が分かるように

京都市立西京高等学校附属中学校 主幹教諭の宮部剛先生も数学の学習でデータを活用しています。同校では授業と家庭学習のつながりを重視しています。生徒が家庭でしっかり学習することで、限られた授業時間を演習などに活用できます。PDF化した教科書や問題集はBookRoll上で利用でき、先生は、生徒がどれくらい問題を解いたのか、正答率はどうだったのかといった情報を把握できます。宮部先生は、「それまでの紙をベースにした学習では、生徒が問題に取り組んだか、何もしなかったのかくらいしか分からなかったが、データで見られるようになって家庭学習の様子を把握できた」と、その効果を説明します。

京都市立西京高等学校附属中学校で数学を教える宮部先生

進捗を確認するだけでなく、授業の改善にも役立っています。家庭で取り組んだ問題の正答率が低ければ、その学習内容に関する演習を追加するといった具合に、授業の内容を修正できます。宮部先生によると、「生徒は授業では分かったつもりになるが、後で実際に問題に取り組んでみると、自分の中でしっかり身に付いていないので解けないことがある」そうです。そんな状況もデータを見れば分かるので、授業で改めて取り上げるなどの対応ができるでしょう。

日々の家庭学習以上に、先生が生徒たちの様子を知ることが難しいのが、夏休みなどの長い学校休業期間です。出された課題に取り組まない生徒がいても、休みの期間中に知ることは困難です。休み明けに「君は全然やっていないね…」となってしまいます。当然、進捗を把握できなければ、生徒の理解がどれくらい進んだのかも分かりません。

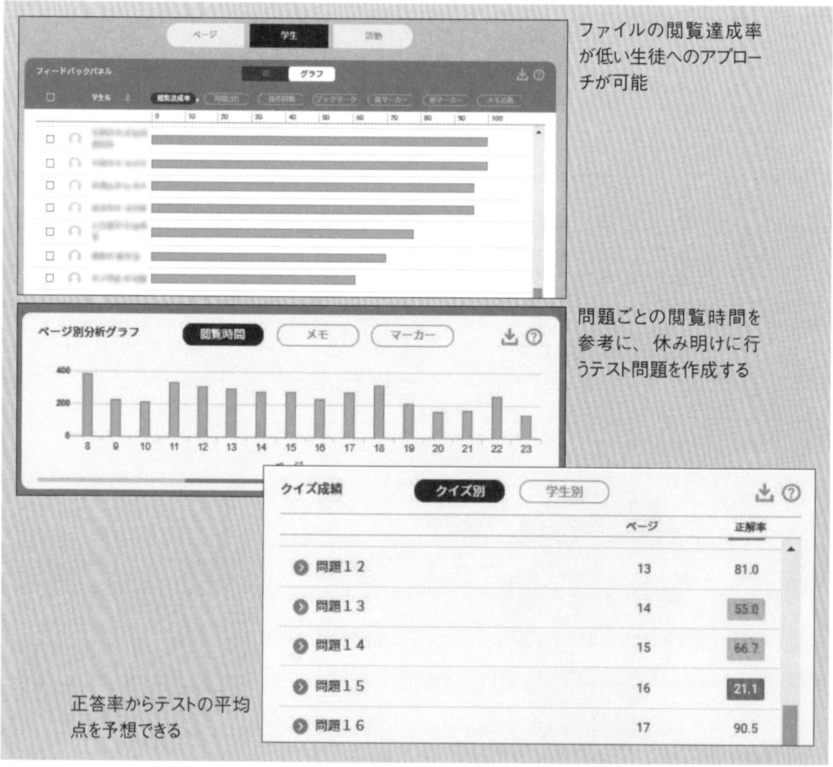

教員はログパレの画面で生徒の取り組み状況を確認できる。正答率が分かることで、問題作成に掛かる時間を短縮できるという（出所：宮部剛氏の発表資料）

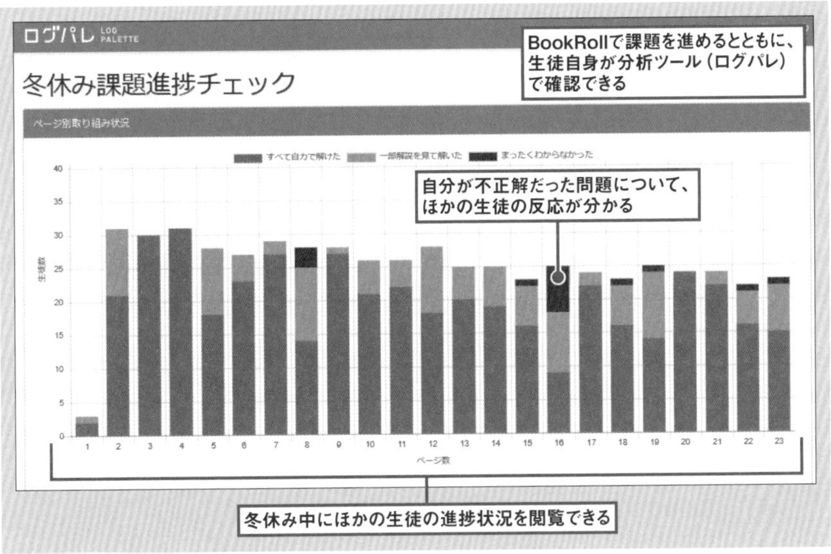

生徒は問題ごとに、自力で解けたか、全く分からなかったかなどを回答する。ほかの生徒の回答を見ることで、課題の進捗や自分の理解度について確認できる（出所：宮部剛氏の発表資料）

BookRoll上で生徒たちが課題に取り組むやり方であれば、進捗や問題の正答率を教員向けの画面でいつでもチェックできます。このおかげで、遅れている生徒には声がけが可能になります。休み明けにはテストで理解度をチェックしなくてもクラスの状況を把握でき、スムーズに授業に入ることができます。まるで先生が遠くから見守っているような状況を、ICTとラーニングアナリティクスによって実現できるのです。宮部先生は、「生徒は自分がやっていることが先生に伝わっているのは知っていて、勉強していることを先生が見守ってくれている安心感がある」と捉えています。ただし、「中学生では良い効果でも、高校生では監視されているように感じるかもしれない」とのこと。発達段階に応じた運用を考える必要はありそうです。

課題の進捗チェックは、先生だけでなく生徒の間でも可能です。自律的、継続的な学習が苦手な生徒は、長期の休み期間中に課題の進捗が滞りがちです。ほかの生徒の様子が分かれば、「自分ももっと頑張ろう」というモチベーション向上に寄与するでしょう。高校の数学を担当する田中先生も、「自力で解けなかった問題がほかの生徒たちも同じだと知ることで、自信を喪失することを防げるかもしれない。安心して数学に取り組む環境を作れる可能性がある」と感じています。

データは若い先生の強い味方

さまざまな学習活動によって得られたデータは、経験が少ない先生の味方にもなります。宮部先生によると、テストの作問をする際、経験を基に平均点や解答時間を推定していましたが、データを分析すればそれらが簡単に分かり、経験の浅い先生でも問題作成に掛かる時間を短縮できるといいます。

宮部先生はベテランなので、生徒がつまずきそうなところが分かり、そこに力を入れて授業をすることができます。しかし、若い先生は教科書通りに同じペース配分で授業をしていき、生徒がつまずいているのに進んでしまったり、小学校で既にやったことを繰り返したりすることがあるそうです。こうしたとき、「自分の経験だけでなくデータを使うと、若い先生に対する指導がスムーズになる。データに基づけば、指導される側も納得することが多い」と宮部先生は話します。

田中先生の話では、若くて専門性が高くなくても、生徒とよく話す先生は授業が分かりやすいと生徒たちから評価されるそうです。田中先生は「学習モチベーションには生徒とのコミュニケーションが大事。先生が生徒のことを感じ取ろうとする姿勢が安心感を与える」と考えています。そのため、生徒の情報を集めて見取ることが重要で、「ラーニングアナリティクスを授業改善のために使うのだという意識を先生が持てると授業改善になるだろう」とみています。

若い先生ばかりではなく、ベテラン教員にとってもデータは役に立ちます。宮部先生は、「生徒はここが苦手だなといったことは経験的に分かるが、データとして確認できると、根拠と自信を持って指導できる」と証言します。データが全てではありませんが、それがあれば根拠に基づいた教育ができるのです。

江口 悦弘

第2節 生徒一人ひとりにフィットする学習を目指す

前節の京都市立西京高等学校は早くからラーニングアナリティクスを実践していましたが、ここでは導入から間もない高等学校を2校紹介します。

第1章で解説したように、ラーニングアナリティクスの目的はデータの分析ではなく、学習者一人ひとりに合った学習方法を提供し、教員が分析結果を授業改善に生かすことにあります。クラスの中で授業についていけない生徒をいち早く見つけ、教員がケアすることでドロップアウトを防げます。生徒にとっても、自分のペースで学習し、つまずいたところを丁寧に指導してもらう方が確実に前へ進めるでしょう。

高等学校においては公立・私立を問わず、各校の特色を出しながら生徒たちの特性に合わせた教育が展開されています。入学者選抜（入試）がある高校では、在籍する生徒の学力レベルは一定の範囲内にあると考えられますが、それでも一様ではありません。特に近年の学校では、「生徒の層が幅広くなっている」「教科によっては、学力が上位と下位の子にはっきり分かれてしまう」といった声が増えているようです。こうした生徒たち全員に、いかにして適切な教育を提供するかが課題になっています。

AI問題推薦で自学自習できる環境づくり

滋賀県立大津商業高等学校は、100年以上の歴史を誇る専門高等学校です。総合ビジネス科と情報システム科で合わせて約800人の生徒が学んでいます。京都大学の緒方研究室と連携し、英語と数学で「BookRoll」、簿記の科目でAI問題推薦の「EXAIT」を導入しました。簿記の授業を担当する松木洋之先生は、ラーニングアナリティクスに取り組む理由を「県の中で商業高校としての特色を出すため」と説明します。

同校は教育目標を「商業の専門高等学校として専門教育と普通教育を推進し、社会の発展に寄与する創造力豊かで逞しい職業人を育成する」としており、その具体的な方策の一つとして「京都大学との連携による『説明できるAI』実証研究を推進し、生徒の習熟度や進路希望に応じた個別最適な学びの実現を図る」と明記しています。「説明できるAI」はEXAITを指します。学校として教育方法にラーニングアナリティクス推進を掲げる学校は珍しいのではないでしょうか。先進技術を教育に生かそうとする意気込みが感じられます。

大津市役所の隣に位置する滋賀県立大津商業高等学校

ラーニングアナリティクスのツールとしてBookRollやEXAITを導入する狙いの一つは、自学自習ができる環境づくりです。簿記の科目では問題集をBookRollに取り込み、生徒が自分のコンピューターで自学自習できるようにしています。生徒たちは問題を解き、それをAIが分析して新たに推薦された問題に取り組みます。数学の科目ではオリジナルの動画教材も使っています。リコメンドのボタンに動画視聴用のリンクを設定し、生徒が教材と動画を見たのかどうかを確認できる仕組みにしました。松木先生は「生徒が自分のペースで学習するのによい」と評価しています。

英語科の授業では、紙のプリントと同じPDFをBookRollに登録して、生徒がペンなどで書き込めるようにしています。例えば、間違った箇所にマーカーを引いておき、テスト前に復習するといった使い方ができます。紙のプリントに引いたマーカーは消せませんが、デジタル教材であれば、理解した箇所のマーカーを消していくのも簡単です。

BookRollで引かれたマーカーは、クラス全体を集約してヒートマップとして表示できます。英語の授業では、生徒が分からないと思った箇所にマーカーを引いてもらいました。すると、先生としては当然理解しているだろうと思っていたことが、そうではないことが分かったこともあったそうです。

名門校も直面する問題と新たな取り組み

滋賀県立膳所高等学校といえば、県下随一の進学校として知られます。前出の大津商業高等学校と同じく、2022年度から京都大学と連携してEXAITの導入の準備を進め、これから本格的に展開していく予定です。ICT環境も整っており、全教室に電子黒板が設置され、2022年度入学生からは1人1台端末体制になっています。

滋賀県立膳所（ぜぜ）高等学校の卒業生は、京都大学や大阪大学、近畿圏の有名私立大学への進学者が多い

学力レベルが高い学校だけあって、一斉授業では物足りない生徒もいます。その一方で、ついていくのに苦労している子もいるそうです。クラス全員に同じ課題を出しても、個々の生徒にフィットするとは限りません。結局、補習の時間を設けるなどして補っていました。校長の冨江宏先生は、BookRollの「学習ログを生かして個別最適な学びを実現したい」と考えています。

滋賀県立膳所高等学校 校長の冨江宏氏は、ICT活用やラーニングアナリティクスによって、これまでできなかったことに取り組みたいと意気込む

全国の公立学校では、若い教員とベテラン教員は多いのに対して、その中間の人材が不足する事態に直面しています。指導を中心的に担っていたベテランは、これからどんどん退職してしまいます。膳所高校も例外ではありません。冨江先生は「ベテラン教員はつまずいている生徒に気付いてケアができたが、若い先生には難しいこともある」と懸念しています。そこで「ラーニングアナリティクスを活用すれば、どこでつまずいているのかが分かり、先生方の助けにもなる」と期待しているのです。

しかし、これまで高い実績を上げてきた同校で、新しい手法を取り入れることに抵抗はないのでしょうか。これについて冨江先生は、「先生方は仕事の負担が増えるのではないかという不安を抱くし、初めは大変かもしれない」としながらも、「データを活用すれば教員の負担軽減になり、生徒と向き合う時間が増える。生徒にとっては学習時間の無駄がなくなり、教育効果が上がる」と明確に答えます。今は数学と英語でデータを収集し始めたところですが、将来的にはもっと広げていきたいそうです。

コロナ禍が続いていることもあり、生徒会活動もICTを活用している。演説を各教室に配信し、生徒たちはそれを大型提示装置で見る（2022年9月撮影）

江口 悦弘

第3節

児童目線の授業に変容 技能習得でも役立つ

2023年に至るまで、小中学校における本格的なラーニングアナリティクスの活用はほとんどありません。そこで、ここでは2022年に実施された「初等中等教育におけるラーニングアナリティクスに関する実践的研究プロジェクト」を紹介します。このプロジェクトは、東北大学大学院情報科学研究科ラーニングアナリティクス研究センター（以下、LARC）と内田洋行教育総合研究所が共同で実施しました。小中学校の授業における状況分析と、ラーニングアナリティクスシステムの使い勝手や利用可能性の調査が主な目的です。

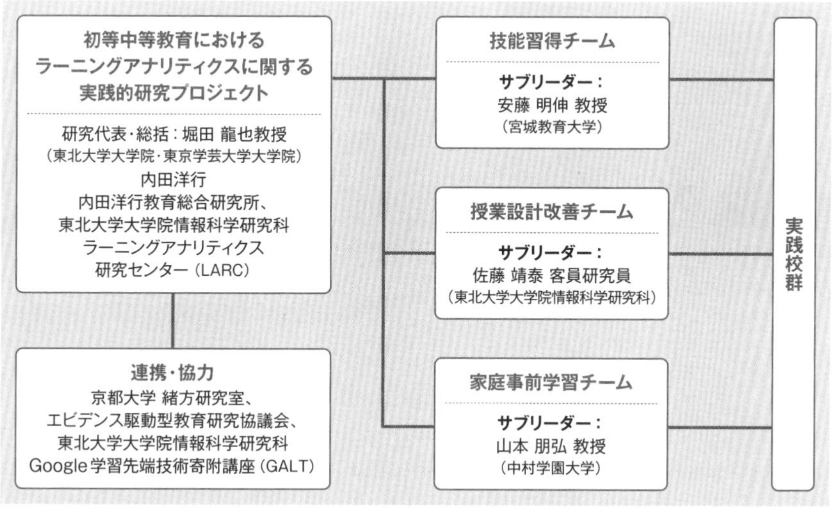

「初等中等教育におけるラーニングアナリティクスに関する実践的研究プロジェクト」の研究体制。3つのチームが異なるテーマで研究に臨んだ。ツールには「BookRoll」と「LEAF」を利用した

実践研究は、上図のように3つのチームで実施しました。「授業設計改善チーム」は、仙台白百合学園小学校と宮城県富谷市立富ケ丘小学校において「BookRoll」を自由に使ってもらいました。その上で、先生たちから授業づくりや実践の変容

などを聞き取りました。

例えば、２年生の国語では下記のような授業を展開しました。

(1) BookRoll上で文章を読み、分からない言葉に黄ライン※を引いて意味を調べる。意味はメモ機能で記述する

(2)「時、場所、人物がしているところに赤ライン※を引こう」と指示を出し、赤ラインを全体で共有

(3) 赤ライン部分を基に、初めと終わりで変わったところと変わらないところをベン図で分類

(4) 赤ライン部分を基に、登場人物の人柄の読み取り

(5) 並行読書（ほかの昔話）、選んだ昔話の面白さを整理、２つの昔話を比較して感想を書く

※マーカーのこと

（出所：佐藤靖泰氏の発表資料）

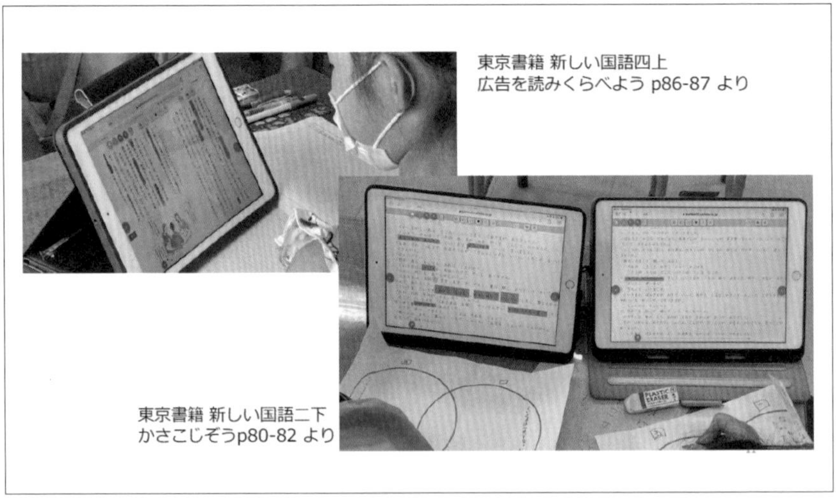

研究協力校では、小学２年、３年、５年の合計６クラスが実践に参加した（出所：堀田龍也氏の資料）

授業の作り方が変わってきた

授業後の先生に対する聞き取り調査では、以下のような声が聞かれました。

- 分析ツールを見ることで発問をあらかじめ吟味でき、想定発問にも影響した
- 児童のつまずき箇所が想定と実態とでずれることがその場で分かるので、授業

展開を都度調整できた

- 普段であれば机間指導で何となく把握していたところを、分析ツールはビシッと見せてくれるので解答の根拠の深掘りなどに時間を割くことができた
- マークした箇所から個別の児童の様子を把握することができた（授業後）

（出所：佐藤靖泰氏の発表資料）

このチームを担当した東北大学大学院情報科学研究科 客員研究員の佐藤靖泰氏は、「ラーニングアナリティクスによって児童の実態に基づいた授業展開や単元構成の調整ができる可能性がある」と感じました。

研究プロジェクトを推進したLARCのセンター長を務める堀田龍也教授は、「児童が分からないところを事前に把握できたことで、先生たちの授業のつくり方が変わってきた。児童目線の授業設計になっていく様子が見られた」と語ります。また、引かれたマーカーの全体的な傾向を基に、「個人で思考したり整理したりする時間や協働的に学ぶ時間が十分に確保できる」と評価しています。

東北大学大学院情報科学研究科 教授・東京学芸大学大学院 教育学研究科 教授の堀田龍也氏。本プロジェクトで研究代表・総括を務めた（撮影：渡辺慎太郎）

堀田氏はまた、「ラーニングアナリティクスはすぐに授業改善にはならないという論へのアンチテーゼになるかもしれない」ともみています。ラーニングアナリティクスによって教育の質を上げるには、一般に教育データの蓄積→分析と可視化→授業設計や教材の改善というサイクルを回します。そのため、ラーニングアナリティクスの成果が表れるまでには時間差があるという見方があります。しかし、必ずしもそうではなく、学習者の状況をデータによって教員が即座に把握し、授業の内容や進め方を調整したり、つまずいている学習者をその場で支援したりすることも可能だということです。

技能習得にラーニングアナリティクスを活用

これまでとはひと味違ったラーニングアナリティクスの実践に取り組んだのが「技能習得チーム」です。宮城教育大学附属中学校の２年生技術科の授業において、「のこぎり引き」の技能指導にBookRollを使いました。先生が事前に図版や動画をBookRollに登録しておき、授業では生徒に動画を見せながら説明をします。次に、生徒たちは実際にのこぎり引きをしてみて、うまくできたところは図版・写真上に赤、できなかったところには黄色のマーカーを引きました。この結果を分析し、クラス全体にフィードバックしたり、生徒を個別に指導したりしました。

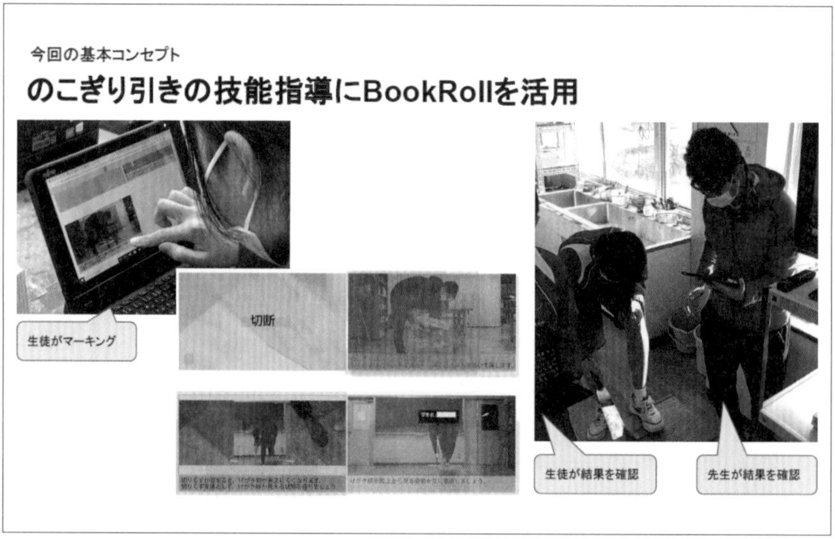

中学校技術科の授業でBookRollと動画を使った技能指導をした（出所：板垣翔大氏の発表資料）

のこぎりを引くような動作は、言葉や文章にして伝えるのが難しいところがあります。文章よりも写真上で「ここがうまくいかなかった」と指し示す方が簡単です。図や写真の上にマーカーを引いてもらうことで生徒たちの状況を把握できれば、授業の改善に役立ちそうです。

このチームで研究に当たった宮城教育大学教育学部 講師の板垣翔大氏は、「技術科だけでなく、体育や音楽などの実技が伴うほかの科目でも応用して、技能習得に活用できるのではないかと感じている」と話します。例えば、音楽の実技指導において、生徒にとって演奏が難しい、うまくできないと感じたとき、楽譜上でその箇所にマーカーを引けば、指導者は全体の傾向や個人の苦手なところを短時間で知ることができるでしょう。

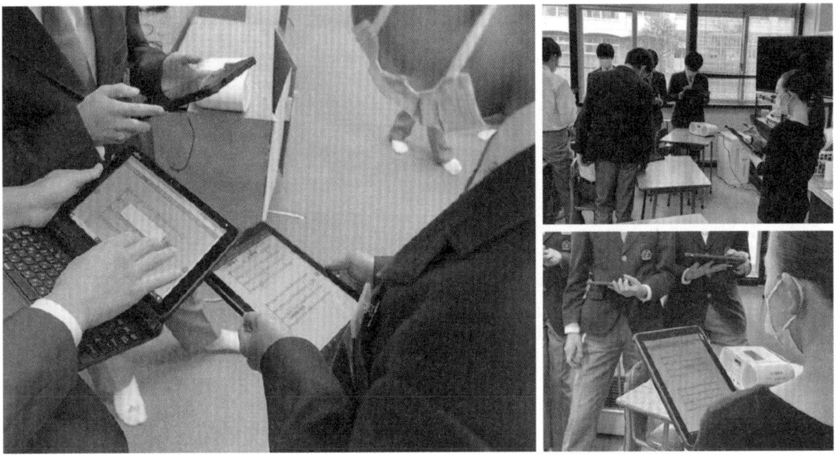

音楽の授業で楽譜にマーカーを引く生徒たち（出所：堀田龍也氏の資料）

分析された情報を教員が的確に使えるか

研究プロジェクトの実践を通じて、課題もいくつか見えてきました。例えば、教科書・教材の内容によっては、児童・生徒がマーカーを引く箇所が集中し、分析結果が見づらくなることがありました。前述した「のこぎり引き」の解説では、生徒たちは経験がないため重要な情報なのか、そうでもないのかを判断できず、教材の大部分にマーカーを引いてしまったそうです。こうなると分析の意味がありません。使用教材の構造やタイミングをよく考える必要がありそうです。

分析ツールで児童・生徒の状況をリアルタイムで把握できる半面、「入ってくる情報量が多過ぎて、自分の中では処理しきれない状況があった」と話す先生もいました。ラーニングアナリティクスのツールをどのように活用するのがよいのかは今後の研究課題ですが、教員の側にもツールに対する習熟やデータ活用に取り組む姿勢が求められます。

フラナガン・ブレンダン、志賀 恭子

第4節　京都大学の授業におけるLEAFの利用

京都大学における「LEAF」の学内利用は2018年4月から開始され、新型コロナウイルス感染症の拡大が始まった2020年初頭には全学で利用可能な標準ツールとして提供されました。下図は、京都大学でBookRollを採用した授業(コース)の数を示しています。このグラフから2020年にBookRollの利用が大幅に増加したことが分かります。これはコロナ禍により、オンラインによる授業を余儀なくされたためです。

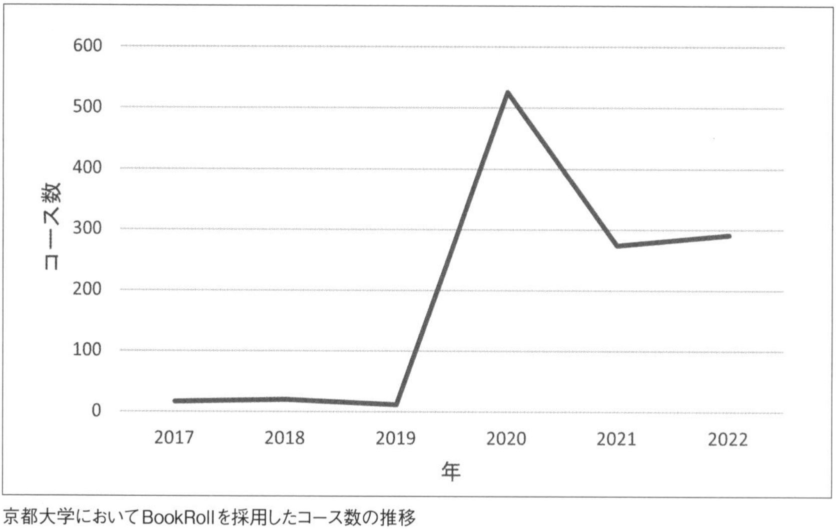

京都大学においてBookRollを採用したコース数の推移

京都大学の授業で採用したプラットフォームは、(1) LMS(学習管理システム)(2)行動センサー(3) LRS(ラーニング・レコード・ストア)(4)分析ツールという4つのシステムで構成されています。2023年3月の時点で、京都大学情報環境機構はオープンソースの「Sakai LMS」をベースにした「PandA」というLMSを運営しています。コロナ禍は教員や研究者に課題と好機の両方をもたらしました。課

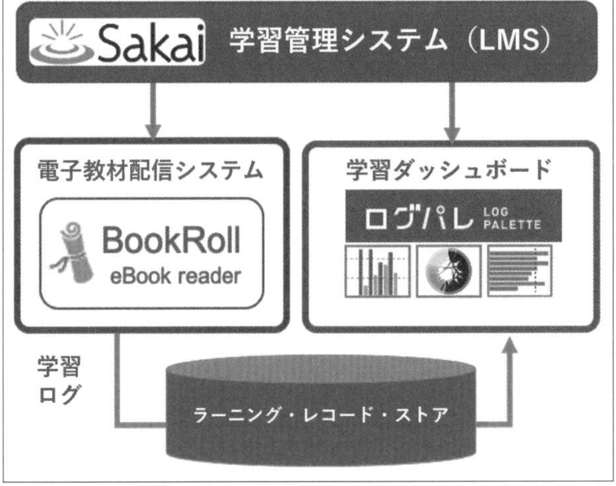

京都大学におけるLEAFのシステム構成

題は、限られた時間内に全ての教材をオンラインで進行可能な形式に変更することでした。ここでは、コロナ禍に対応するため、2020年春学期にLEAFを使用して実施された授業を紹介します。

通常、春学期の授業は4月初めから7月後半まで、期末試験とフィードバックは7月後半から8月初めまで行われています。コロナ禍が起こった2020年は、1回目の授業がオンラインで5月6日から始まり、7月20日に最終授業、8月5日までに期末試験がありました。春学期は、完全にオンライン授業でした。春学期は31研究科の243科目でBookRollを利用しました。 2020年4月1日から8

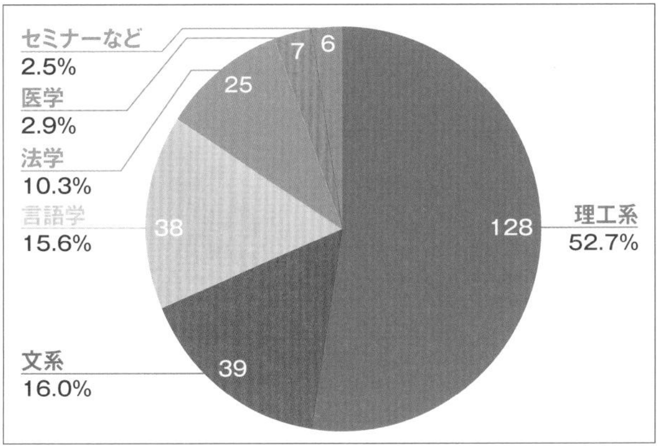

2020年春学期にBookRollが利用された科目（n=243）

月9日まで、130日間のデータログを分析しました。学生たちは、合計で1886の教材を閲覧していました。さらに、2111個の音声ファイルがアップロードされ、それらは641の教材（全体の34%）とリンクしています。音声教材は115講座（BookRoll利用講座の47.3%）で、総再生時間は433時間以上でした。平均して毎週1918人が利用し、7万8804件のログが生成されました。合わせて6379人（学生6135人、教員244人）による、計157万6070のログを分析しました。ログには教員によるコース教材の登録操作と、学生がBookRoll上の教材にアクセスした際の操作履歴が含まれています。

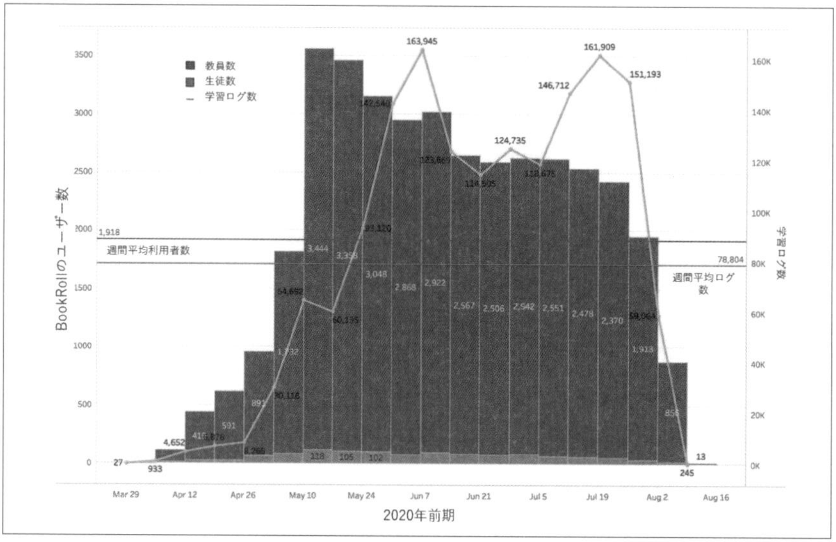

2020年4月1日〜8月9日のBookRollユーザー数と週間ログ数（n=243）

学生の取り組み状況を分析

コロナ禍に対応するため、スライドや教材のナレーションのために音声ファイルをアップロードする機能などがBookRollに追加されました。その結果、音声ナレーションの有無や、分野によって学生の取り組みに違いが見られました。理工系コースでは、学生が1日に学習する時間の中央値は、音声付きの教材で42分、音声なしの教材で90分でした。人文科学コースでは、音声付きの教材で136分、音声なしの教材で167分でした。両コースともに音声がない教材の方が、学生の積極的な活動が多い傾向が見られました。

しかし、語学系と法学系コースでは、滞在時間の中央値に関する傾向が逆転しています。音声ありの教材では、音声なし（語学は45分、法学は86分）よりも、音声あり（語学は120分、法学は227分）の方が、積極的参加率の中央値が高くなりました。医学研究・ゼミは他の領域より教材数が少ないですが、それらの領域でも音声に関連する教材に多くの時間を費やしていることが分かりました。

学生は、BookRollで教材を読みながら、重要な概念を含む単語や図、あるいは理解しにくい部分にマーカー機能で印を付けることができます。教員は、授業前に学生にBookRollの教材を読んでもらい、理解できたところ、難しかったところにマーカーを引くように指示します。教員は授業に先立ち、教材に引かれたマーカーの全体像を確認することで、授業で説明が必要なトピックを把握できます。

成績が良い学生の行動が分かる

LEAFを利用することで、教員は従来の方法では困難とされた指導方法を模索できるようになりました。その一つが、教科書や参考書を持ち込んで受ける試験の実施です。これはオープンブック試験とも呼ばれますが、ここでは「持ち込み許可試験」と呼ぶことにします。

従来の持ち込み禁止試験（クローズドブック試験）は、より低い認知能力を試験の対象とする傾向があります。これに対して持ち込み許可試験は、テストに合格するために知識を暗記する必要性を減らすことによって、より高い認知レベルの思考を評価できます。

ヨハン、ディケンスとムーア（2017）は、14の研究を系統的にレビューして、持ち込み許可試験に対する評価の分析から、以下の点が促進されていることを明らかにしました。例えば、批判的思考能力の発達、深い関与と高次スキルの活用、評価への不安の報告が少ないという点です。また、学生は持ち込み許可試験が持ち込み禁止試験よりも優れていると認識していることが分かっています。

ただ、持ち込み許可試験にも問題点がいくつかあります。1つめは、学生が情報過多になってしまう恐れがあることです。2つめは、従来の持ち込み禁止試験とは対照的に、学生は事前に準備を十分しない傾向があるかもしれません。従来の持ち込み禁止試験の場合、学生は教材の復習が必須でした。しかし、持ち込み許可試験だと、試験中に参考資料を閲覧できるため、事前学習はさほど重要

	持ち込み禁止 (クローズドブック)	持ち込み許可 (オープンブック)
授業形態	対面型授業	オンライン型授業
評価のタイミング	最終評価 総括的評価	継続的評価 形式的評価 (学習のための評価) クイズ 小課題 総括的評価
課題の評価	教員	教員·自動 ピア評価·自己評価

持ち込み許可(オープンブック)試験と持ち込み禁止(クローズドブック)試験の比較

ではないと考える者もいます。

そういった状況を踏まえると、持ち込み許可試験の前や試験中に学生がどのように情報探索や読書をしていたのかを検証する研究が必要になりました。その調査をするためにLEAFが活躍しました。LEAFを利用して授業内に持ち込み許可試験を実施しました。その学習ログを分析したところ、成績が高い者と低い者の読書行動に関する特徴が明らかになりました。

データを機械学習の手法で分析すると、必要な知識を紹介する初回授業から1週間後に、学生の成績をほぼ正確に予測できることが分かったのです。さらに、予習や復習の方法が、持ち込み許可試験で学生がどの程度のパフォーマンスを発揮するかを示す重要な指標となることも判明しました。成績上位の学生は、試験前に教科書を読んでいるので、どこに何が書かれてあるのかを把握しています。一方、成績下位の学生は、試験中に情報を検索する傾向があることが分かりました。

江口 悦弘

第5節

復習用教材をAIが自動作成
成績予測で学生の離脱防止

九州大学は2016年、全国の大学に先駆けてラーニングアナリティクスセンターを基幹教育院内に設置しました。その後、2021年4月には全学組織として「九州大学ラーニングアナリティクスセンター（LAC）」を設立。先進的なラーニングアナリティクス手法の研究に加え、関連する教育システムの設計や運用も手掛けています。こうした専門組織を持つ国内の大学はごくわずかしかありません。ここでは、LACの研究成果を紹介します。

学習者ごとに適した教材を自動で作る

AIを活用した問題推薦（リコメンド）システムは珍しくなくなりました。学習者が問題を解き、間違った問題などのデータをAIが分析し、「この問題を間違えたら、遡ってこちらの問題を解くのがよいだろう」と推論して学習者に提示します。これに対してLACの「復習ダッシュボード」は、学習履歴と小テストの結果から、復習に適した教材を作成してくれるシステムです。

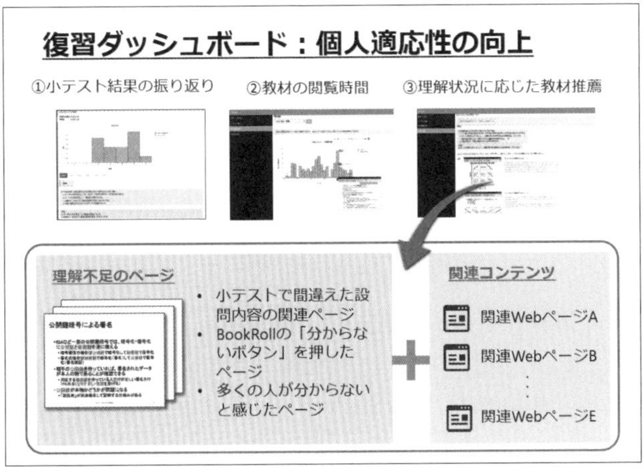

「復習ダッシュボード」は、学習履歴や小テストの結果を分析し、その学習者に適した復習用コンテンツを自動作成する（出所：島田敬士氏の資料）

学生はLMSを通じてデジタル教材で学習し、小テストに取り組みます。システムは教材のどの箇所をどれくらい読んでいたのかという履歴データと、小テストの結果を記録します。一方、デジタル教材にはキーワード（メタ情報）が自動的に付加されます。これらの情報を組み合わせてAIが分析し、「この学習者はこの部分の理解度が低いので、教材の5ページ目と10ページ目を復習する必要がある」といった具合に推論します。そして、理解に必要なページや関連する解説がある学習コンテンツなどを抜き出し、その学習者のための復習用教材を作ってくれるのです。学生はそれを使って改めて学習し、理解度を高めることが可能になります。

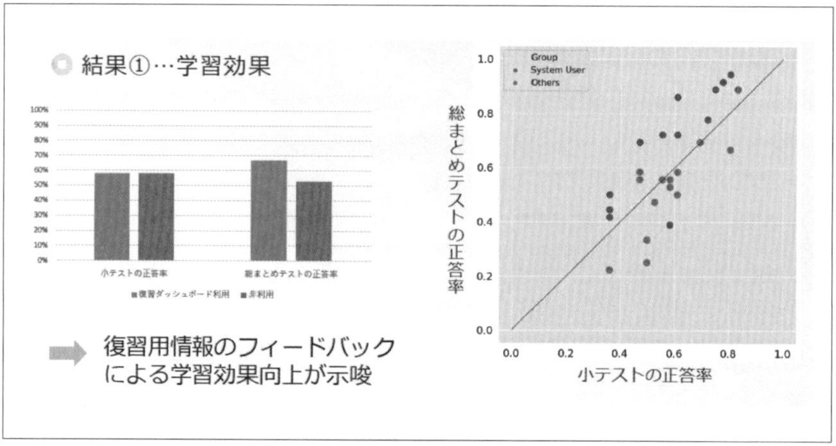

復習ダッシュボードの効果を比較した。ダッシュボードの利用者と非利用者が２種類のテストを受けた。グラフを見ると、復習ダッシュボードを利用した学習者（青）の正答率の方が高いことが分かる（出所：九州大学大学院システム情報科学研究院 准教授 大久保文哉氏の発表資料）

復習ダッシュボードが優れているのは、BookRollに登録したデジタル教材と小テストなどの情報を関連付ける作業を自動化しているところです。教材の内容にさまざまなメタ情報を付加し、「小テストのこの設問を間違えたらこのページを再読する」といった関連付けをするのは大変な作業です。LACで研究をけん引する九州大学大学院システム情報科学研究院の島田敬士教授は、「教員に負担を掛けるのではなく、データがあれば全部やってくれる仕組みが必要。教材とデータからAIが自動で教材を作り、学習者にリコメンドできるようにならないと、教育の現場では使えない」と指摘します。

ドロップアウトするリスクが高い学生を支援

島田氏は、「学習活動のデータを掘り下げて分析していくと、この学生は何時何分に何をどれくらい勉強したのかといったことから、どんな学び方が効果的かが分かってくる。そうしたデータがあれば、教材や問題をリコメンドした際の学習者に対する理由付けの信頼性が向上する」と説明します。学習方法が分からず効率的に学べない学生にとって、「学び方を学ぶ」ことにラーニングアナリティクスが役立ちそうです。

こうした研究をさらに進めると、学習履歴やテスト結果などのデータを分析して、特定の学生が将来、どの程度の成績になるかを予想することも可能になります。例えば、4回目の授業までのデータを基に最終的な成績を予測可能です。

これによって、成績が良い学生の学習活動を知ることができます。しかし、それ以上に意義があると考えられるのが、このままでは成績が伸びない、授業についていけずにドロップアウトする恐れがあるという学生を早い段階で見つけられることです。数回の授業が終わった時点でそうしたリスクが高い学生のケアができれば、大きな支援になるでしょう。

九州大学大学院システム情報科学研究院の島田敬士教授は、LACのシステム運用部門長を務める。「教育データ分析コンテスト」も主催する（第2章第8節を参照）

江口 悦弘

第6節

学生の学修を見える化
大学教員の負担を軽減

芝浦工業大学は実学重視の技術者育成を続け、現在は工学部、システム理工学部などで約8000人の学生が学んでいます。同大がラーニングアナリティクスを採り入れるきっかけになったのは、2014年度から始まった「大学教育再生加速プログラム」（日本学術振興会）でした。この中で「学修成果の可視化」をテーマの一つに設定し、学生の学習（学修）時間、特に授業外に取り組んだ時間を把握しようと努めました。

大学関係者には周知のことですが、大学で1単位を修得するには、授業を受けた時間以上に学生が自ら学ぶことが求められます。1コマの授業につき、学生は数時間の事前・事後学習（予習・復習）をしていることが前提になっているのです。ところが、大学や教員は学生がどれくらいの時間を予習・復習に使っているのかは分かりません。それをデータとして捉えようとしたわけです。

当時は学生に対してアンケートを実施したり、学生がSNSを通じて学習時間を入力できるようにしたりしたものの、学生側に何らかのアクションが必要なのがネックでした。何をどれだけ学習したのか、いちいち入力するのは面倒だと多くの学生が感じるのは仕方ないことでしょう。

芝浦工業大学の豊洲キャンパスは、タワーマンションや大型商業施設が立ち並ぶ地区の一角にある。2022年に本部棟が完成した

こうした流れの中で、2021年度からは文部科学省の「デジタルを活用した大学・高専教育高度化プラン」において「“学生の学びの心に火をともす”ラーニングアナリティクスによる教育改革」という取り組みを始めました。具体的には「BookRoll」を利用できるようにして、履歴などをLRS（ラーニング・レコード・ストア）と呼ばれるデータベースに蓄積します。たまったデータの分析・可視化によって、「エビデンスベースでの教学マネジメントを強化する」ことを目標としています。

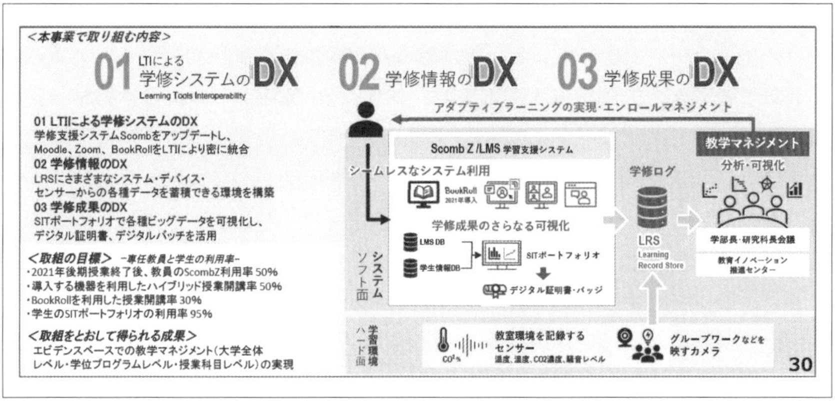

蓄積した学習履歴などのデータを分析し、エビデンス（根拠・証拠）に基づく教学マネジメントに生かす計画。学修成果をデジタルバッジ（オープンバッジ）で証明するところまで視野に入る（出所：文部科学省「デジタルを活用した大学・高専教育高度化プラン実施機関の取組概要」）

半期の授業の中でデータから軌道修正

芝浦工業大学の角田和巳教授が授業にBookRollを導入したのは、「学生がどれくらい学習しているのか、客観的な情報を知りたい」という理由からでした。前述のような授業外学習時間を把握する観点から、LMSに課題を提出する際は、学生がそれにかかった時間を申告する仕組みになっています。ただし、学生の自己申告なので、客観的で正確なデータとはいえません。また、角田氏は実験のような実習を伴う場合に反転授業を採用しています。このため、学生が事前に教科書などをしっかり読み、理解した上で実験に臨んでいるかどうかは重要です。

BookRollには、教科書に加えて音声解説付きの教材PDFも登録してあり、学生は自分で学べるようになっています。学生は重要だと思う箇所や分からないと

芝浦工業大学機械工学科の角田和巳教授の専門は流体力学。ラーニングアナリティクスについて、「大学の教員は教育の専門家ではないし、使える時間も限られている。学習に問題がある学生に自動でアラート出すような機能があるとよい」と期待を語る

ころにマーカーを引きます。さらに、教員から学生への問い掛けがあり、それに答えることで学生の理解度を測れます。学生がBookRollで教科書や教材を読んだ時間やページなどの履歴が記録されるので、後から分析することも可能です。角田氏は授業の分析を通じて、「学生にここまで理解してほしいと思っていたところまで至っていないといったことが分かってきた。教材の中での問い掛けの内容を変えてみるなど、授業方法を改善したい」と考えています。

さらに角田氏は、「半期の授業期間中に、学生の反応を紙のアンケートなどで集めて授業方法に反映するのは難しい。学習データをいつでもすぐに確認できるラーニングアナリティクスがあれば、それが可能になる」と手応えを感じています。

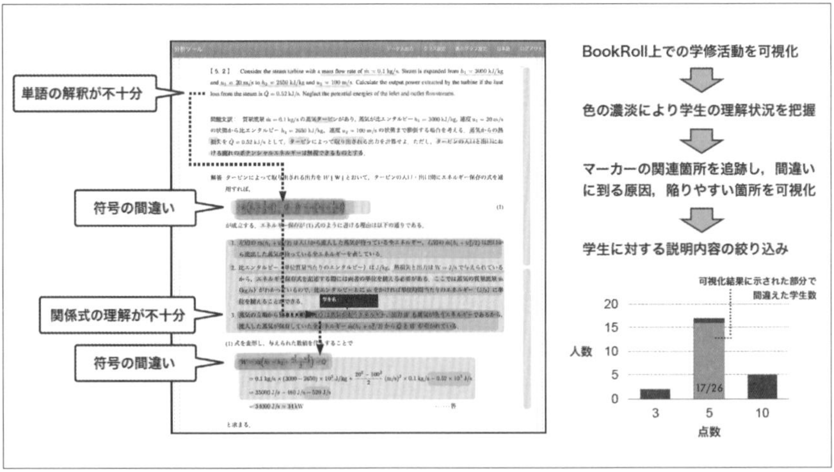

BookRollで配信された教材に学生が引いたマーカーは、分析ツールの「ログパレ」でヒートマップとして表示できる。マーカーの関連箇所を分析すると、学生のつまずきポイントが見えてくる（出所：角田和巳氏の発表資料）

学習困難になった学生には早期の支援が必要

東京都市大学は、理工学部、メディア情報学部などで約7000人が学ぶ理工系の私大です。昭和の時代に大学生だった世代には、旧名である武蔵工業大学の方が、なじみがあるかもしれません。同大は2016年、全学的な教育改革のために「教育開発機構」を設置しました。その中にある「ICT 戦略室」の室長を務める横井利彰教授は、教育の質向上にラーニングアナリティクスが役立つと考え、2022年からBookRollとログパレの試験的な利用を始めています。

東京都市大学メディア情報学部情報システム学科の横井利彰教授は、「教員が学生に向き合う時間を増やしたい。フィードバックがあれば学生のモチベーションアップになって学びの質向上につながる」と話す

昭和世代にとって大学は自由と自治が保証された場であると同時に、自らの意思と責任で学問に臨むのが当然というイメージではないでしょうか。受験勉強をして大学生になったのだから学修に励むのはもちろん、サボって単位を落とすのも自分の自由と責任という雰囲気がありました。一方、教授は近寄りがたく、先生から声を掛けてくれることはまれという授業が多かったように思います。

しかし、最近の大学と大学生の事情はだいぶ違います。多くの大学では授業についていけなくなったり、学修を投げ出したりしてドロップアウトする学生を減らすことに苦慮しています。「授業についていけないのは本人の責任」と突き放すのではなく、むしろ積極的に支援の手を差し伸べる大学が増えているようです。そこに、コロナ禍によるキャンパスの閉鎖とオンライン授業が重なり、孤立する学生が出てきました。大学が学生に直接関わる場面がますます多くなっているのです。

教員の余裕を生み出し高次の教育を目指す

横井氏が懸念しているのは、コロナ禍の影響もあって学生の状況をこまめにチェックするのが難しいことです。どこかでつまずいていても支援を得られない学生が出てくる恐れがあります。もちろん、相応の手間を掛ければそうしたチェックもできますが、大学の教員にとって負担が大きいといいます。横井氏は「思い込みや思い違いで学習が止まってしまう学生もいる。学習困難になっている学生にいち早く手当をすることが大事」だと強調します。そのためには、学習履歴などから問題を抱えた学生を見つけ、教員に情報を提供するラーニングアナリティクスのシステムが有効です。

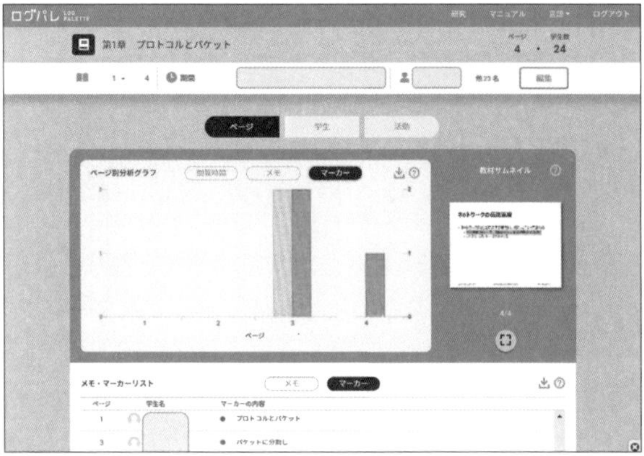

教育開発機構 ICT 戦略室ではBookRollとログパレを試験運用して評価した

ラーニングアナリティクスを導入する理由はそれだけではありません。BookRollとログパレを試験的に運用した評価について横井氏は、「どれくらい学生がページを読んだか、どこに興味を持ったのかを知ることができるのは素晴らしい。予習段階の情報があると、教員は追加の説明や発展的な授業をするなどの調整ができる」と話します。授業の質が上がることは学生にも大学にも良いことですが、それを教員に負担を掛けずにできることがポイントです。横井氏は「ラーニングアナリティクスを活用して、教員がより高次の視点で教育を考えられる余裕を持てるようにしたい」と評価しています。さらに、「BookRollとログパレの活用は第一歩で、ほかのデータも追加して総合的でリアルタイムに近い分析ができるシステムを作りたい」という目標を持っています。

マジュンダール・リトジット、志賀 恭子

第7節

LEAFを利用した国際共同研究と実践

京都大学 緒方研究室では、LEAFを国内だけではなく、海外でも利用していただきたいと考えています。その実現のため、他国の研究者や教員の協力を得て、LEAFを海外の教育機関に導入してその効果について調査しています。LEAFは既に、台湾、インド、トルコ、香港、中国などでも活用されています。ここでは、主に台湾とインドの導入事例と共同研究を紹介します。海外でLEAFが利用されると異なる文化的文脈での学習ログを収集・蓄積でき、グローバルな教育支援につながります。

台湾では16の大学がLEAFを活用

台湾では、「BookRoll Partnership in Taiwan：BRPT（台湾BookRoll提携）」という共同研究を通してLEAFを導入しています。BRPTは、台湾の国立中央大学（NCU）と京都大学の国際協力に基づき、2019年7月に開始されました。まず、台湾と日本の研究者は共通プラットフォームを構築するためにBookRollを台湾に導入し、多くの学習データを分析し、論文を発表しました。2021年秋の時点で、台湾においてLEAFは16の大学、30人以上の教員、50以上の科目で3000人以上の学生が利用しています。

BRPTは、年次総会（2020年7月8日）、ワークショップ（2019年：台湾2回、

学期	大学数	教員数	科目数	学生数
2019年秋	19	36	58	3726
2020年春	16	31	52	3289
2020年秋	19	33	67	4453
2021年春	12	29	48	2879
2021年秋	16	34	54	3120

台湾におけるBookRollの利用数

日本1回、2020年:オンライン1回、2021年:オンライン2回)、学会活動(2019年、2020年、2021年に開催)という形式で開催されました。京都大学の研究者のほか、台湾の大学から教員を招き、合計51人が参加しました。第2回ワークショップは2019年8月15日に開催し、48名がデモンストレーションに参加しました。2019年9月、NCUチームは京都大学を訪問し、BookRollの運用や教育について実情を報告しました。そこで私たちは台湾の研究者とともに、ラーニングアナリティクスの課題やデジタル教材の閲覧行動に関する分析方法について事例を基に議論しました。

台湾でのBRPTワークショップの様子。左上:スティーブン・J. H. ヤン教授と台湾の共同研究者。右上:2019年7月開催の合同ワークショップでの緒方による基調講演。左下:2019年8月開催の合同ワークショップに参加した研究者。右下:2019年10月開催の合同ワークショップの委員会

教育クラウドにLEAFを導入

2019年、NCUチームは京都大学への現地調査を通じて、科目によってBookRollの使い方が異なることを発見しました。数学の例として、台湾の大学では微積分学でBookRollが利用されていました。台湾の学生は、BookRollを個人の読書システムとして考え、テキストの読解、ノートの取り方、演習・課題に重点を置いていました。

一方、日本の高校生は、グループディスカッションや共同学習のためにBookRollを利用していました。そこで、日本と台湾の研究者は、授業の質を向上させるためには継続的に授業状況を把握し、教員と意見交換をすることが不可欠だと考えました。今後も、日本と台湾で最新動向について情報交換することを計画しています。NCUチームは、微積分学の科目で学生の協力をより得るために、授業中の議論や授業後のチームプロジェクトなどの学習活動を設計するこ

とを計画しています。

LEAFの導入により、次のような成果がありました。第1に、BRPTにおいて学習と教育の実践を改善するために同じ志を持つ研究者のコミュニティを築き上げました。第2に、ラーニングアナリティクスを通じて学習成果を評価し、政策立案に影響を与えることができました。第3に、一定数の学習ログが集まったことにより、スマート学習環境の構築や効果的な学習方法を開発できました。

台湾教育部は公式プラットフォームである教育クラウドにLEAFのシステムを導入して多くの教員にBookRollの利用を推奨し、研究助成金の採択にも成功しました。この支援により、教員はさまざまな教授法を授業で試せるようになりました。その成果は査読付き学術誌に掲載され、世界の研究者コミュニティで共有されています。

インドにおけるLEAFの利用

インドでもLEAFが活発に利用されています。2018年半ばに、「National Program on Technology Enhanced Learning：NPTEL（学習支援技術国家プログラム）」における教職員の研修プログラムで、BookRollを広めたことをきっかけにLEAFの普及が始まりました。インドの高等教育界ではNPTELの知名度が高いおかげで、私たちはインド国内の教員とつながることができ、LEAFの効果

2019年、The International Conference on Technology for Education開催中のインド・ゴアにてエビデンスに基づく教育ワークショップの様子

も実証できました。

BookRollはメモやマーカーによる強調表示の機能が特徴的です。この機能よって、参加教員の中から実際に振り返り行動を実践している75人の教員を特定することができました。それにより、2018年～2019年にかけて彼らにBookRoll利用のデモンストレーションと、BookRoll活動を取り入れた授業設計を提案しました。

下図は2018年のワークショップ後にLEAFを利用した教員とその教科（コース）の数です。教員は33の異なる地域から参加しました。このうち、22人は高い頻度でBookRollを利用している教員です。

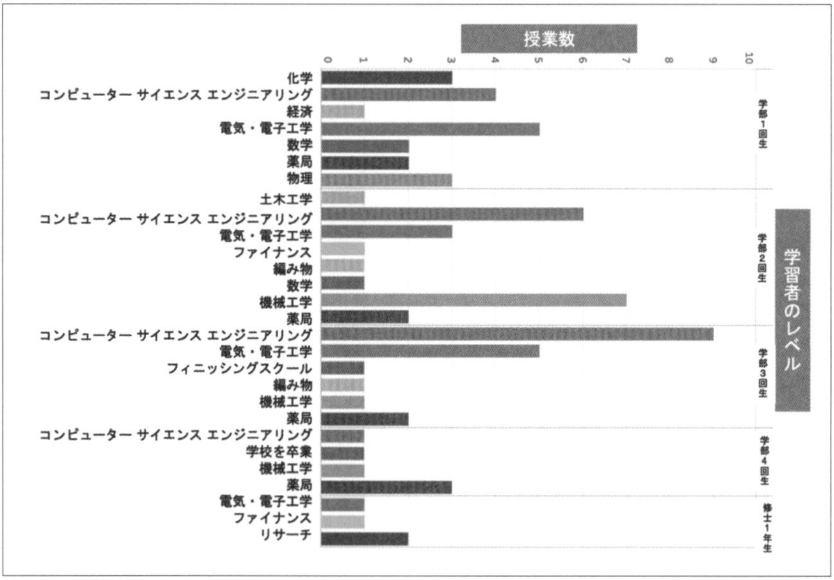

インド各地の大学でLEAFを利用した教科

インド西部マハーラーシュトラ州に位置する電子工学の大学の教員Aは、LEAFを積極的に利用しています。学生は第3学年で55人います。彼はモバイル学習環境におけるLEAFの利用について調査しました。 LEAFユーザーのもう一人の大学教員Bは、ハイデラバード県の大学で第1学年59人に物理学を教えています。教員BはBookRollの機能を使って、どのようなアクティブラーニングができるかを検討しました。そこで、その学期の日々の授業や課題にBookRollを使用して、その効果について調査し、BookRollとアクティブラーニングを組み合わせた教育法を発案しました。その結果、学習者の自発的なテクノロジー利用頻度は、教員が積極的にそれを促しているかどうかによることが分かりました。

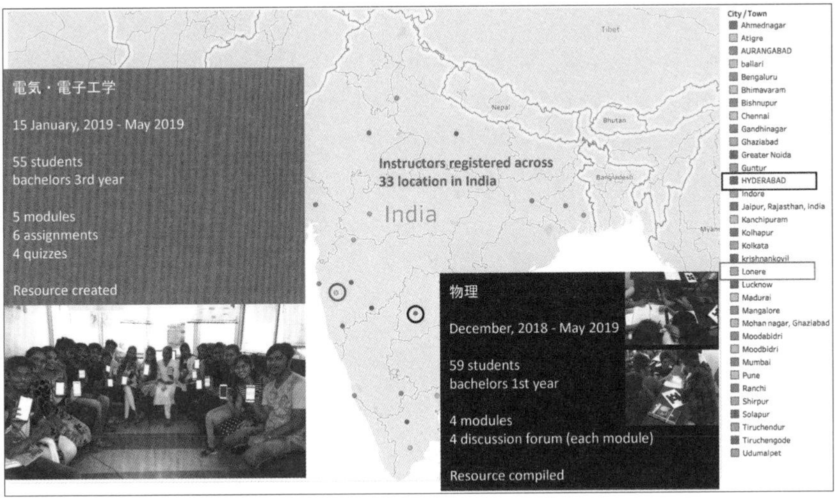

BookRollを使用している教員たち（左）と、その中の２人の教員に関する事例（右）

この発見に基づき、その後の学期では物理学コースにおいて、BookRollを用いた内省的活動（振り返り活動）が学期単位で実施されました。私たちは、新型コロナウイルス感染症拡大の影響を受けた学期中に、この内省的活動について調査しました。その期間中のLEAFの利用は、各教科の教育活動を継続する上で実に有用でした。そこで分かったことは、緊急的に遠隔学習が求められたコロナ禍の方が、それ以前のハイブリッド型学習と比較して、学生の取り組みと学習の質（高成績者と低成績者の両方）が著しく向上したことです。

もう一つの重要な発見は、学習ダッシュボードが教員の教育活動設計に与えた影響です。ダッシュボードの情報に基づいて、教員はまず自分自身の行動を振り返り、次に多様性に富んだ教育をすることができました。コロナ禍では、これがリフレクション・イン・アクション（行動を振り返ること）に発展しました。つまり、これはダッシュボードから見えてくる学習者の取り組みやフィードバックに基づいて、教員が能動的に教育法を選択したのです。その結果、学習者中心のアクティブラーニングのアプローチが生まれ、教員はそれに従いました。

この取り組みの成果は、異なる文化的背景を持つ人々が、自らの教育や学習の実践にこのシステムをどのように取り入れているのかを理解することにも役立っています。

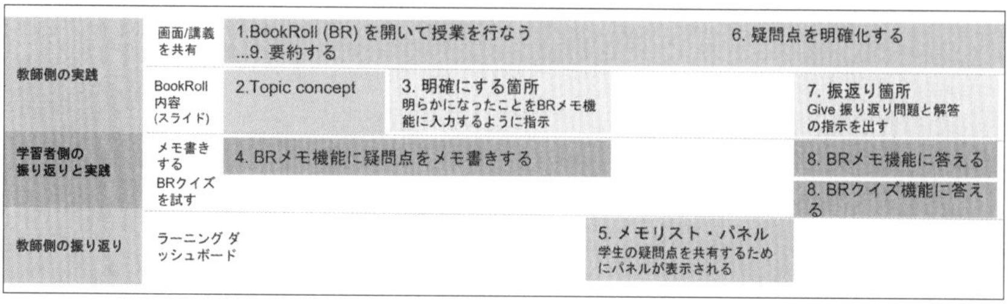

BookRollを使った学習活動の流れ

国際的なラーニングアナリティクスの輪を広げる

持続可能な教育活動や研究活動のためには、教育データを利活用する実践コミュニティの構築が不可欠です。そのためには、LEAFの普及が欠かせません。LEAFを多くの方々に利用していただいて、そこから得られるデータを分析し、より有意義な教育支援へと還元していきます。そのために、筆者らは国境の垣根を越えて、多くの研究者、教育機関、教員と学習者の協力を得ています。

筆者らは、権威ある雑誌の企画や、国際フォーラムでのワークショップやシンポジウムを通して、LEAFから得られたさまざまなデータを分析した研究を発信し続けています。例えば、前出のBRPTを通じて行った研究は、教育工学界の有力誌「Educational Technology & Society」の特集号で発表されました。

インドの場合、LEAFを採用した教員は、学生が主体的に学習できるように反転授業を考案しました。その教員は、自らの教室で収集したデータを用いて、その実践効果を評価しました。コロナ禍のオンライン授業であっても、LEAFを活用したことで、その授業は相互対話的で魅力的なものになりました。

ほかにも、国を越えたさまざまな活動をしています。一つは、国際的なアウトリーチとして「SIP教育データ分析チャレンジコンテスト」を開催しています。LEAFで収集されたデータを匿名化して、参加者が成績などの指標の予測精度を競います。このデータチャレンジの成果は、国際会議で参加者により報告されました。このように筆者らは、LEAFのシステムを国内外に導入していくことで、教育データの利活用による授業と学習の改善の輪を広げています。

第
4章

授業でBookRollを使ってみよう

「BookRoll」はPDFの教材を学習者に配信するシステムです。教材の閲覧履歴や学習者がマーカーを引いた箇所などを記録しておき、それらを教員が分析することで授業の前に学習者の状況を把握したり、授業の進め方を検討したりできます。ラーニングアナリティクスというと難しそうなイメージがありますが、導入と実践は簡単です。ここでは、教材の準備・登録から授業中の使い方、授業後の分析方法まで解説します。

小田部 綾子

第1節 BookRollの導入方法

「LEAF」の「BookRoll（ブックロール）」を導入するに当たり、まずはインターネット接続や端末などのハード面を適切に整備することが重要です。BookRollに限らず、ICT活用教育においては、全ての学習者がコンピューター（端末）を保有していることと、クラスや学年単位での同時接続に対応できるネットワークを整備していることが大前提です。

導入に必要となるもの

ネットワークについては、予習・復習のため、家庭におけるインターネット環境も整っている必要があります。必要に応じて学校契約によるモバイルルーターを配布するなど、家庭の負担を増やさない配慮が求められます。

個人の端末とネットワーク環境が準備できたからといって、すぐに利用を開始できるわけではありません。BookRollを実際の授業でどのように活用するかをきちんと想定した上で、デジタル教材、授業中に画面を共有する大型提示装置（電子黒板）など、必要な機材を準備しましょう。

BookRollの導入に必要なもの

例

1. 学習者用コンピューター、校務用コンピューター
2. 大型提示装置（プロジェクター、大型テレビ、電子黒板など）
3. 校内や家庭でのインターネット接続
4. LMS（学習管理システム）または学習eポータル
5. 教科書・教材などのPDF
6. 端末とスタイラスペンの予備（生徒が忘れたときや端末が壊れたときなど）

BookRollの導入が決まったら、まずリストにあるような環境を整備する。実際に必要となる機材は、学校の環境によって異なる

ソフト面ではどんな準備をすればよいのか

インターネット環境などのハード面の準備を十分に調えることはICT活用教育に必須であると、誰しも認識していると思います。ただし、ハード面だけで授業は成り立ちません。ソフト面でもしっかりと準備をすることが不可欠です。

初めに、BookRollを導入することに対して管理職から現場の教員に至るまで、組織全体として共通認識を持つようにしてください。新しいシステムを授業に取り入れることに抵抗感を持つ教員がいないとも限りません。BookRollの導入決定後は、早めに教員向け説明会を開催するなどして、教員の理解を深めるようにしましょう。

次に、学校全体のICT担当者および教科ごとのICT担当者を任命し、BookRoll活用を学内で推進できる仕組みをつくります。アイデアが明確であればあるほど、授業での積極的な活用が期待できるため、ICT担当者による学内勉強会を開き、実際に授業で利用する教材を用いて具体的な利用法を議論して共有することも、BookRollの利用促進に効果的です。

BookRoll導入にソフト面で必要なこと

例

1. 組織全体としてBookRollを導入するという共通認識を持つ
2. 学校全体および教科別のICT担当教員を決める
3. 授業計画に基づいた中長期的なLEAFの利用計画を立てる
4. ICT担当者による研修を適宜実施する
5. 実際に使うデバイスでの動作を確認する
6. マニュアル類を配布する

ハード面の環境を整えつつ、教員や学習者のBookRollに対する理解を深める、利用方法をしっかりと計画する、マニュアルなど役立つ資料をLMS（学習管理システム）に掲載しておくなどソフト面の準備を進める

学習者と保護者の理解も得る

GIGAスクール構想により、初等中等教育をはじめとする学習者と保護者の間でICT活用教育に対する認知度は高まっています。一方で、学習者が個人の端末を利用することに関して不安を感じる保護者が多いのも事実です。その不安や疑問点を解消するため、学習者の年齢によっては保護者向けにLEAFとBookRoll

導入に関する説明会を開き、理解を得る必要があります。

初等中等の学習者は大多数がデジタルネイティブなので、端末を使うことに対する抵抗はないとしても、正しく利用しているかは別の話です。BookRoll導入の前提として、端末の正しい利用方法や情報モラルの習得も必要です。

学習者と保護者に対する準備事項

例

1. 学習者向け、保護者向けにBookRollの説明会を開催する
2. 学習者の年齢によっては保護者向けに情報モラルに関する講習会を開催する
3. 個人情報や得た学習ログの取り扱いについて明確にし、必要に応じて学習者または保護者から同意書を得る
4. システム導入前に、学習ログを含む個人情報の取り扱いについて、自治体、教育委員会、法人等に確認する
5. 家庭におけるインターネット通信環境を確認する

学習者とその保護者に対して、利用開始前にBookRollに関する説明会などを開く。個人情報は安全、適切に取り扱うことを明確にし、学習者、保護者から同意を得る

教員の理解とサポートが大切

ハード面とソフト面の整備、そして学習者・保護者への周知が完了すれば、ICT担当者を中心に練った計画に基づき、実際に授業の中でBookRollを使い始めることなります。

教員間でICTリテラシーに差があったり、教科や教材によってはBookRollで活用しやすいものや、逆に少し工夫が必要なものが存在したりします。このため、学校全体で即座にBookRollを普及させることは、現実的には非常に難しいです。最初は、ICT活用教育に理解がある、または前向きに授業に取り入れようという考えを持っている教員から利用を開始し、時間をかけて徐々に学校全体に広げていくことになります。

活用率を上げるには、学内での実践実例の紹介やBookRollの研修会を定期的に開催することが必要です。同時に、ICTリテラシーが比較的低い教員に対しては、BookRollの活用が学習者の理解や授業の質向上につながるツールであること、従来の授業法に取って代わるものではなく、教員をサポートするツールであるこ

とを丁寧に説明することも重要です。

BookRollの活用が組織全体にある程度浸透している場合は、活用例の共有や意見交換のために利用実績のある学校と積極的に交流を図ったり、エビデンス駆動型教育研究協議会に入会したりして継続的に情報を得るとよいでしょう。

BookRoll導入後に必要なことをリストにする

例

1. 学内研修などで定期的に意見交換をして、検証と改善を繰り返す
2. BookRollの利用をためらう教員をサポートする
3. 利用実績のある学校での活用例を共有する
4. 利用している他校との意見交換会を開催する
5. エビデンス駆動型教育研究協議会（https://www.ederc.jp/）に入会し情報を獲得する

BookRoll導入後は学内研修を開催したり、関連セミナーに参加したりして、全学的かつ継続的利用を目指す

BookRollを生かす授業設計

BookRollを利用する上で、教科の指導計画に基づいてどのようにBookRollを活用するのか、計画を練ることが求められます。ここでは、BookRollを利用した授業設計について解説します。

基本的には、授業前、授業直前、授業中、授業後を1サイクルとして、BookRollを日常的に利用することが理想です。授業前に、教員はPDFの教材を用意し、BookRollに登録して学習者に予習の案内をします。教員は、授業直前に「ログパレ」を利用して、クラス全体、学習者ごと、グループごとに予習時の学習活動状況や解答状況などを把握します。

授業中は、授業前に得られた情報を反映して授業を進めます。学習者は授業を受けながら、予習で残したマーカーやメモなどを適宜削除、追加などして更新します。

授業後、教員は予習時と授業後で学習活動がどう変わったかを確認すると同時に、学習者に復習および次回の予習を案内します。学習者はそれに沿って復習と予習に取り組みます。このような一連の流れを学期単位、年単位で繰り返すことで、LEAFとBookRollを利用する効果をより感じられるようになります。

BookRollを使った授業設計では図の上のようなサイクルを回す。教員は学習者の学習ログを即座に確認でき、クラス内で共有することもできる

PDFの教科書・教材を準備する

BookRoll利用の第一歩としてデジタル教材を準備します。BookRollで利用できるファイル形式はPDFのみです。マイクロソフトの「Word」や「PowerPoint」などで作成した文書・スライドをPDF保存したファイルを推奨します。教材をテキスト付きPDFで登録すると、マーカーが引かれた場所の文字を分析ツールで表示できます（マーカー分析）。

一方、スキャンした文書をPDFで保存したファイルだと、マーカーを引いた箇所の文字が抽出されない場合や、キーワード検索ができない場合があります。そうした場合は、「Acrobat Reader」（アドビ）やスキャナーに付属するアプリを用いて、画像内の文字を認識する処理（OCR）をすることで、テキスト付きPDFに変換できます。

PDF教材と併せて音声ファイルも登録できます。音声ファイルはm4a/mp3/wav形式に対応していますが、m4a形式を推奨しています。PDFファイル、音声ファイルともに1ファイルにつき100MBが上限です（2023年3月現在）。

なお、自作の資料やクリエイティブ・コモンズ・ライセンス（CCライセンス）でライセンスされたもの以外の著作物をBookRollに掲載する場合は、事前に著作権者から利用許諾を得る必要があります。所属する教育機関などの設置者が授業目的公衆送信補償金等管理協会（以下、SARTRAS）に補償金を支払っている場合は、SARTRASが提示しているガイドラインに従い、著作権者の権利を侵害しないよう運用する必要があります。

教科書・教材の登録

PDF教材の準備ができたら登録します。LMS（学習管理システム）などからBookRollを起動し、ナビゲーションにある「教材登録」をクリックして、ファイルの選択、教材名の変更、登録するディレクトリの選択、必要に応じて詳細を設定後、「登録」ボタンをクリックして完了します。

音声ファイルは、単独では登録できません。必ずPDF教材と併せて登録してください。音声ファイルはファイル名の設定はなく、BookRoll上でも表示されません。

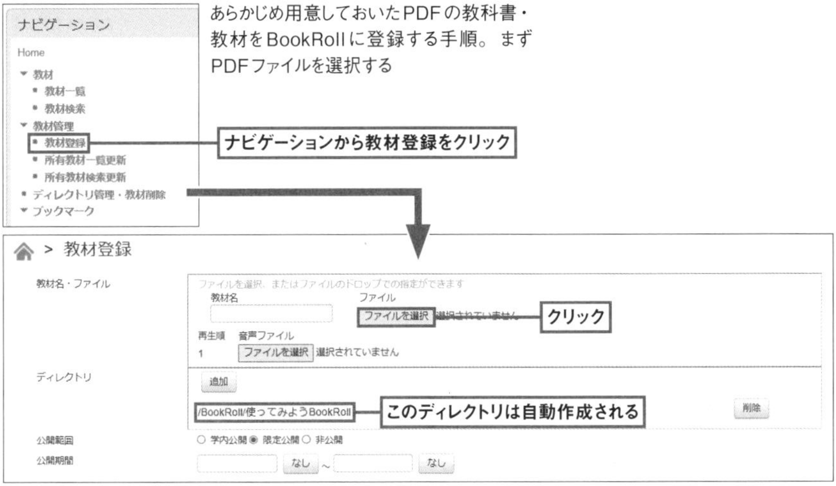

あらかじめ用意しておいたPDFの教科書・教材をBookRollに登録する手順。まずPDFファイルを選択する

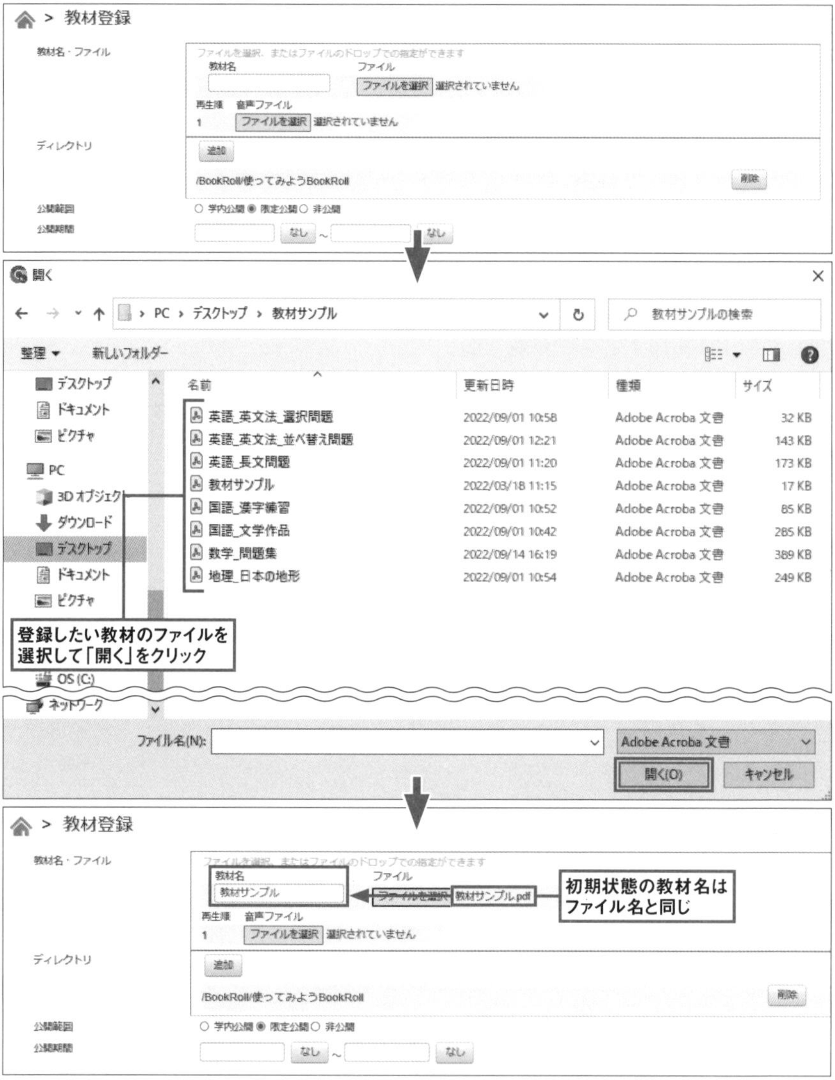

PDF教材があるフォルダーを開き、ファイルを指定する。必要に応じて教材名を変更する

教材名を変更するには、「教材名」の枠内をクリックして編集します。データ管理の観点から考えると、元データとBookRollの教材名は統一しておくことを推奨します。もしくは、どの元データをどの名前でどのコースのBookRollに登録したかなどについて、誰が見ても理解できるような対応表を用意します。

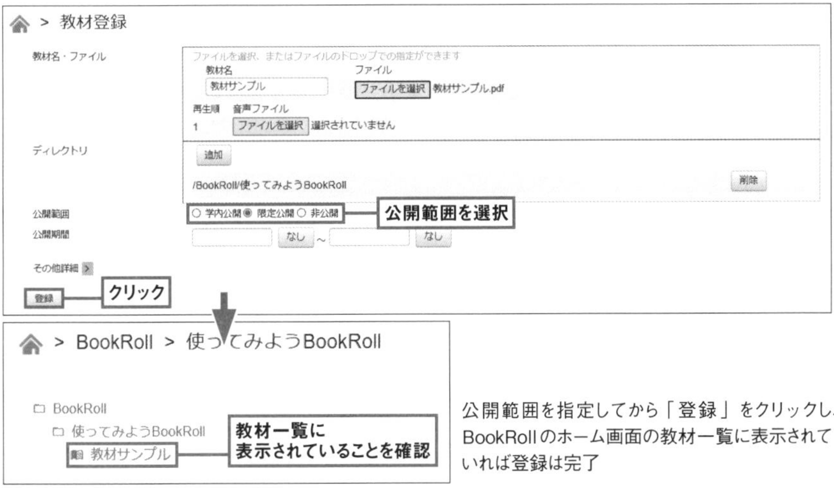

公開範囲を指定してから「登録」をクリックし、BookRollのホーム画面の教材一覧に表示されていれば登録は完了

このように、PDF教材の登録方法は簡単です。教材の準備ができれば、すぐにでもBookRollの利用を開始できます。次節からは、BookRollの基本機能である「マーカー」と「メモ」を使ってみましょう。

ラーニングアナリティクスの効果が出るには3年かかる

ラーニングアナリティクスのシステムを導入すれば、すぐに効果が出る場合もありますが、多くは最低でも5年程度かかります。特に1年目の導入期は、操作に慣れるために労力が必要なのに加えて、教育データがまだ十分に集まっていないためAIなどの支援が十分に得られないことがあります。2年目は操作や運用に慣れて、蓄積されたデータを使った支援によって少し効果が出てきます。

3年目になると習熟度が進み、ラーニングアナリティクスの成果が現れます。導入から5年たてば、どのようなデータをどのように分析すると、どのような効果が出るのか、ある程度想像できるようになります。ラーニングアナリティクスのシステム導入の効果は、早急に求めるのではなく、最低でも3年間、できれば5年間は使ってみて、長期的な視点で効果を考えてください。

（緒方 広明）

小田部 綾子

第2節 「マーカー」機能の使い方

第2章で解説した通り、BookRollにはさまざまな機能があります。その中で導入の初期段階では、基本機能である「マーカー」と「メモ」機能から利用を始めることをお勧めします。

「学習者の分からないところ」が見える

マーカー機能は、紙にマーカーペンで線を引くのと同じように使えます。指、スタイラスペン、マウス、トラックパッドなどでマーカーを引くと、教材上に赤色か黄色の印が残ります。

授業での具体的な利用目的は、主に次の2つです。一つは、学習者が分からないことやどれぐらい分かっているかを把握することです。もう一つは、教員からの質問に解答することです。教員は赤色と黄色にそれぞれ意味付けし、学習者はその指示に従って学びます。学習者は、自分の教材上にあるマーカーを見ながら学習できるため、授業中に教員の説明を聞く過程で、分からないポイントや単語などがあれば、そこにより注力して授業に参加できます。そして、授業後に分からなかった部分に引いていたマーカーのうち、分かった部分については削除し、残った部分を再度学習するというサイクルをつくるとよいでしょう。

選択式の問題であれば、選択肢にマーカーを引くことで解答が可能です。紙のプリントで学習者に解答させる場合、プリントの配布、各自が解答、回収と採点まで、時間と手間を要します。その点、BookRollを使えば、教員にとっても、学習者にとっても、効率良く課題に取り組めます。

例えば、事前に選択式問題のプリントをPDF化しておき、公開時間設定を利用して教材登録し、教員が望むタイミングで学習者が閲覧できるようにします。そして、「問題に赤色のマーカーで答えなさい」という指示を出します。所要時間が経過したら、ログパレで即座にクラス全体または特定の学習者の解答を確認できます。さらに、解答の確認や分析は全てWebブラウザー上で完結します。

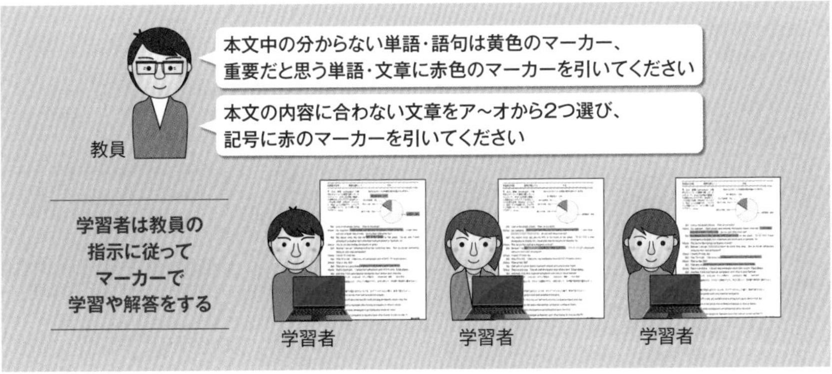

教員が事前に赤色と黄色のマーカーの意味付けをして、学習者はその指示に沿ってマーカーを利用して学習

ログパレで学習の結果を確認

次に、教員がマーカーのログをどのように確認するのかについて説明します。例えば、授業の冒頭で「次の文章を読んで、分からない単語には黄色のマーカーを、重要だと思う箇所には赤のマーカーを引きなさい」という指示を出したとします。学習者が作業を終えたら、LMSからログパレを開きます。クラス全体または特定の学習者（個人または複数）を選択して、分析結果を大型提示装置に表示するなどして、間を空けることなく学習の結果を確認、共有できます。ログパレで確認できる学習ログの内容は多彩です。引かれたマーカー・メモの数、マーカーを引いた学習者、学習者1人当たりのマーカー・メモの数などです。

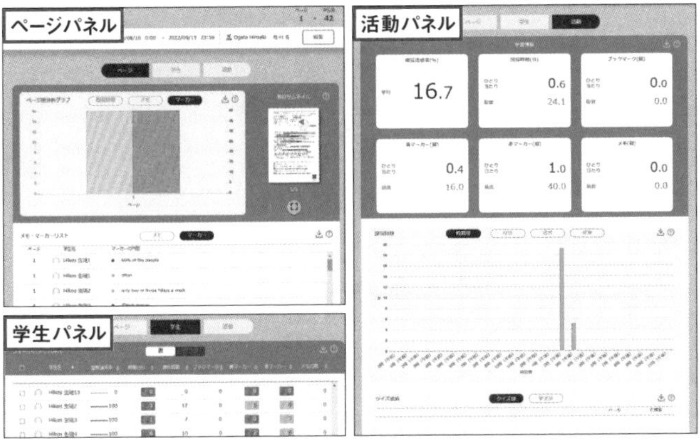

ログパレで確認できる学習活動は「ページパネル」「学生パネル」「活動パネル」の3つに分けて表示される

ページパネル

教材上の活動を表示する

- メモの数、マーカー（黄色／赤色）の数
- メモ・マーカーリスト：メモ・マーカーを引いた学習者、ページ数、メモの内容を確認
- 教材のサムネイル

学生パネル

各学生の活動量を表示する。「表」または「グラフ」を選べる

- 閲覧達成率：閲覧したページの割合
- 教材を閲覧した時間
- BookRoll上の全操作数
（代表的な操作には、ページの移動、黄色／赤色マーカー、メモ、ブックマークがある）
- ブックマークした数
- マーカーを引いた数

活動パネル

BookRoll上での閲覧達成率、閲覧時間、マーカー数、メモ数、
活動時間帯などの活動量を確認できる

学習情報

- 閲覧達成率：閲覧したページの割合の平均
- 閲覧時間:学生1人当たりの教材閲覧時間。下段は学生全体の閲覧時間
- ブックマーク：学生1人当たりのブックマーク数。下段は学生全体のブックマーク数
- 黄色マーカー：学生1人当たりの黄色マーカー数。下段は学生全体の黄色マーカー数
- 赤色マーカー：学生一人当たりの赤色マーカー数。下段は学生全体の赤色マーカー数
- メモ：学生1人当たりのメモを書いた回数

閲覧時間

- 閲覧時間を時間帯、日別、週別、月別から選んで確認できる

※分析期間を1年間にした場合は、時間帯と月別グラフのみを表示

3種類のパネルで確認できること

マーカー部分がヒートマップで表示される

それでは、学習者がBookRollで引いたマーカーをログパレで確認していきましょう。教材を閲覧してマーカー、メモの入力ができるだけでなく、それらの学習活

動を即座に確認・分析できるところがLEAFの特徴であることは前述の通りです。マーカーのログは、主に「ページパネル」に表示される教材のサムネイルとマーカーリストで確認します。教材サムネイルでは、複数の学習者を選択した場合、次の図のように多くの学習者がマーカーを引いた部分の色が濃く表示されます。こうした表示方式を、一般にヒートマップと呼びます。

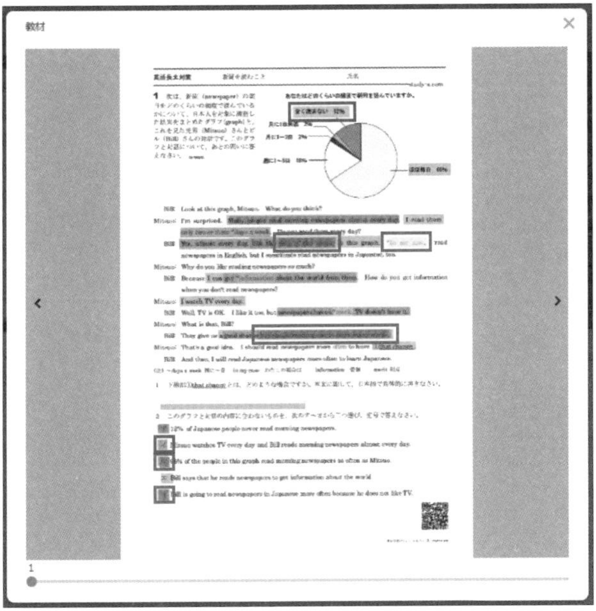

□ 色が薄い
→マーカーを引いた人が少ない

□ 色が濃い
→マーカーを引いた人が多い

ログパレの教材サムネイル上にヒートマップとして表示されたマーカーログ（出所：Study-X）

図のように授業前や授業中に「重要だと思う箇所は赤色」「分からない単語は黄色」「選択問題の解答は赤色」などの指示に従って学習者が引いたマーカーを視覚的に確認できます。対象の学習者は1人でも全員でも選択できます。

この例では、黄色のマーカーが濃く表示されている箇所は、その単語が分からなかった学習者が多いということになります。こうした場合は、その単語について授業冒頭で説明してから授業に入ることが想定できます。また、赤色のマーカーが濃くなっている箇所が、教員が重要だと考える箇所と合致する場合は、ほかの内容に重点を置いて授業をしてもよいでしょう。一方、それらが異なる場合は、学習者が重要な箇所を認識していないことになるので、この点を念頭に置きながら、授業を進めることになります。

解答結果を見ながら、その解答を選択した理由についてグループディスカッションするといった展開も考えられます。さらに、授業後にはマーカーリストを利用して、マーカーログ一覧をCSVファイルとしてダウンロードし、表計算ソフトを使って学習者ごと、あるいはマーカーの色ごとに並べ替えるなどして、より詳細なデータ分析ができます。

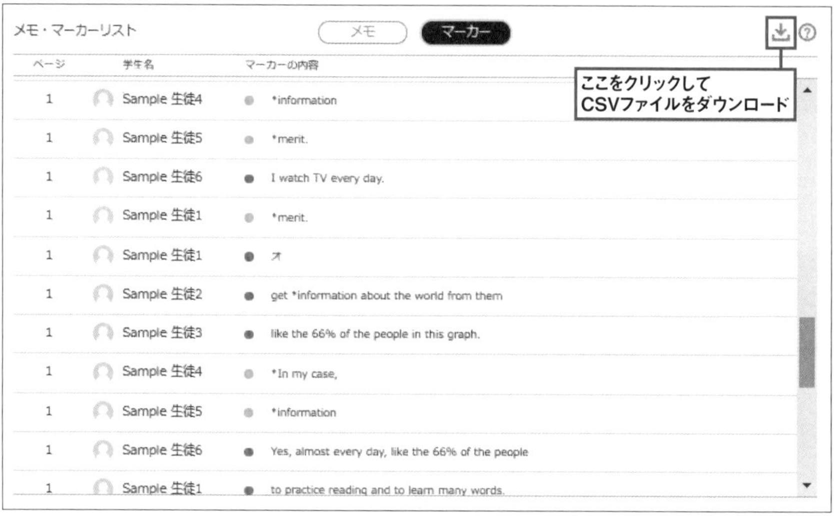

学習者が引いたマーカーの一覧

page	name	marker_color	marker_list
1	Sample 生徒4	yellow	*information
1	Sample 生徒5	yellow	*merit.
1	Sample 生徒6	red	I watch TV every day.
1	Sample 生徒1	yellow	*merit.
1	Sample 生徒1	red	オ
1	Sample 生徒2	red	get *information about the world from them
1	Sample 生徒3	red	like the 66% of the people in this graph.
1	Sample 生徒4	yellow	*In my case
1	Sample 生徒5	yellow	*information
1	Sample 生徒6	red	Yes
1	Sample 生徒1	red	to practice reading and to learn many words.
1	Sample 生徒2	red	Many people read morning newspapers almost every day.
1	Sample 生徒2	red	Many people read morning newspapers almost every day.
1	Sample 生徒4	red	only two or three *days a week.
1	Sample 生徒4	red	good chance to practice reading and to learn many words.
1	Sample 生徒5	yellow	*In my case
1	Sample 生徒6	red	to practice reading and to learn many words.

マーカーの一覧はCSV形式で出力可能

ページパネルに加え、「学生パネル」では学習者ごとに引いたマーカー数を、「活動パネル」では分析対象とした学習者の平均値をそれぞれ確認できます。

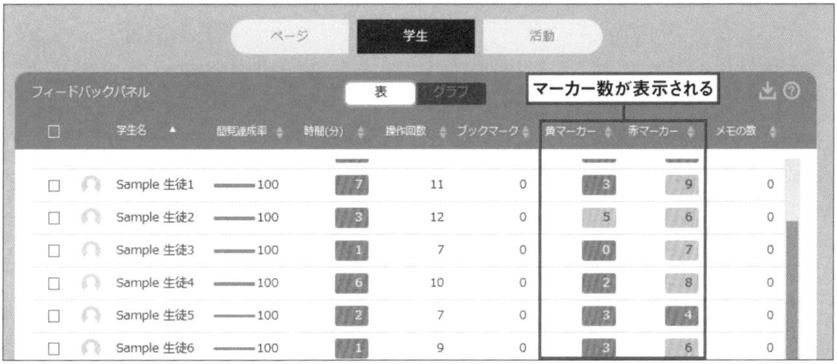

「学生パネル」で学習者ごとにマーカーの数を確認

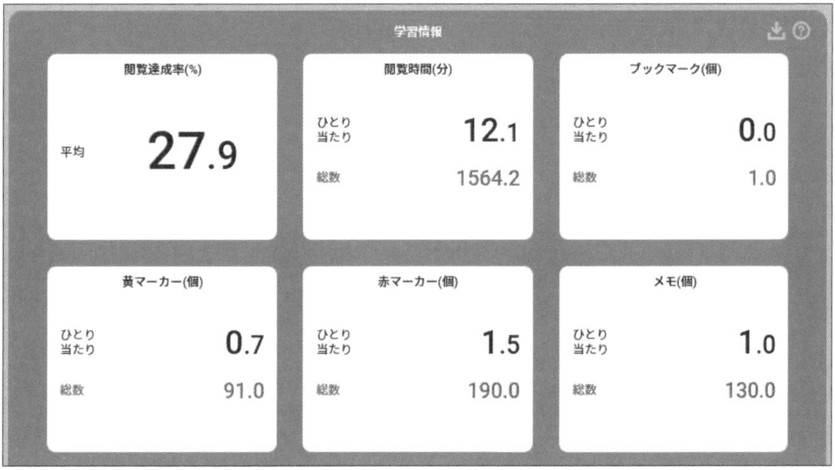

「活動パネル」では平均値を確認できる

小田部 綾子

第3節 「メモ」機能を活用する

BookRollの基本機能として、マーカー機能のほかにメモ機能があります。入力方法にはテキスト入力と手書き入力があることは前述の通りです。入力方法によってログパレでの表示の仕様が違い、活用する場面も異なります。

まず、テキスト入力を利用したメモの使い方を説明します。授業では主に問題への解答と、質問や意見の収集に利用します。例えば、英語や国語の教材を利用して、作文、内容の要約、内容に関する質問などをテキストで入力できます。

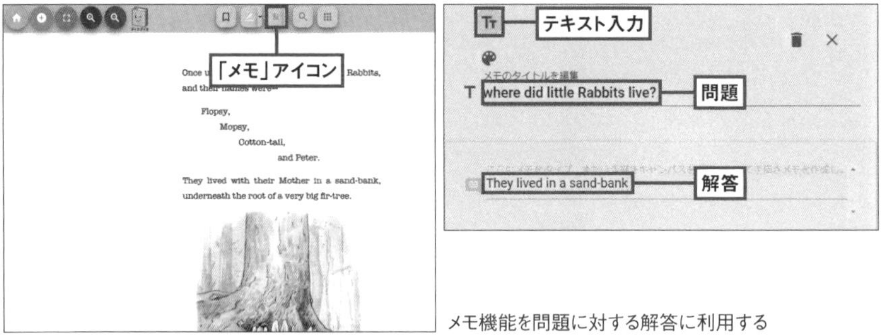

メモ機能を問題に対する解答に利用する

質問や意見の収集に利用

次に、メモ機能を質問や意見の集約に利用してみましょう。教員は、学習者が予習や授業中に残した質問や意見を確認します。それによって、事前に想定していた授業内容を再検討したり、授業の冒頭で挙がった質問を共有し、少し議論をしてから実際の授業に入ったりします。さらに、授業後にメモを確認して、復習の内容を考えるのに活用するなど、さまざまな利用方法が考えられます。

今後、紙のノートを使わずに全てBookRollで学習していくことになれば、教員の指示で残すメモだけでなく、学習者が自分の備忘録として残したメモ書きも教員は確認することができます。

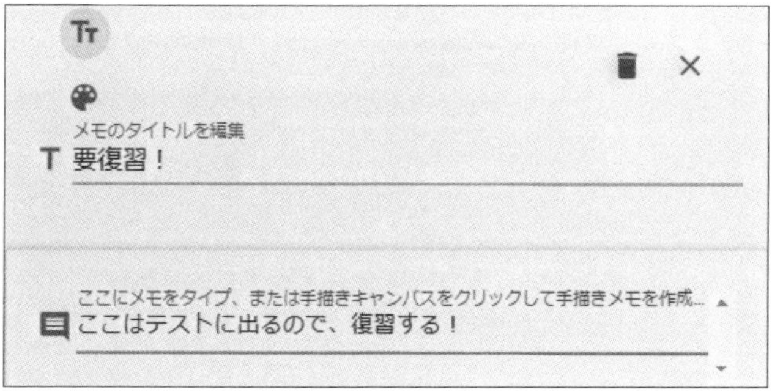

メモ機能を情報収集に利用する

学習者が残したメモのログは、マーカー機能と同様にログパレのページパネルのメモリストに表示されます。一覧をCSV形式でダウンロードして、さらに詳しく分析することもできます。

学習者は、自分のメモに加えてほかの学習者のメモも確認できます。ただし、個人を特定できないよう、学習者の画面ではほかの氏名は伏せ字で表示されます。自分が正解しているか、ほかの学習者がどのように解答しているかを知ることで、課題の発見にもつながります。

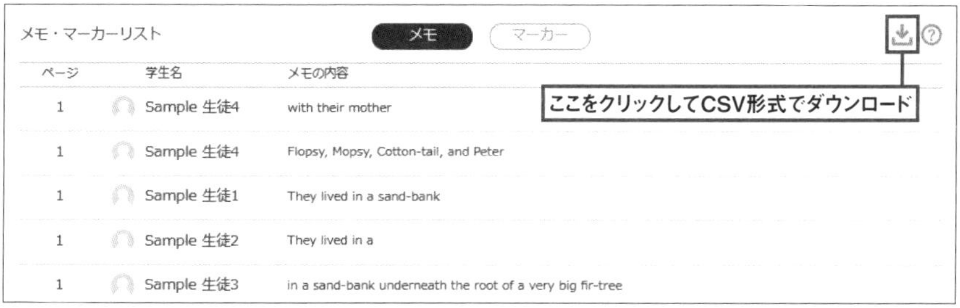

教員は学習者が記入したメモをチェックできる

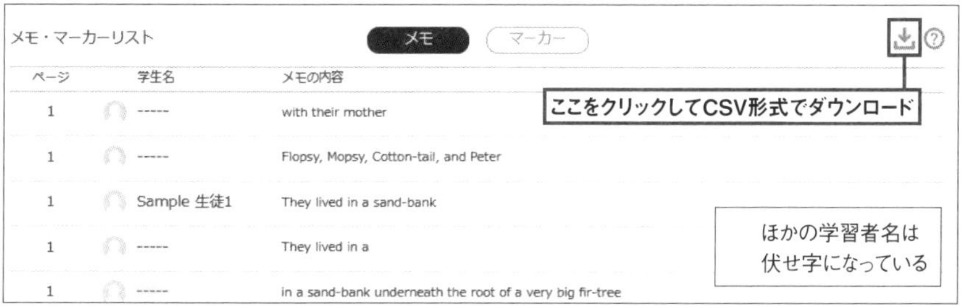

学習者はほかの人がどのような解答や書き込みをしたのかを確認できる

次に、手書き入力でメモを残す場合の利用方法を紹介します。手書きメモは、白紙の状態もしくは、教材を背景にして、指、マウス、ペンツールを使って文字を入力する機能です。例えば、数学の問題を手書きメモ機能で解答させるとします。教員は、学習者の手書きメモをログパレで確認する際、再生機能を利用して、解答プロセスのどこで手が止まっていたかが分かります。それにより、各学習者の理解度や、どのような思考に基づいて解答したかを理解することができます。

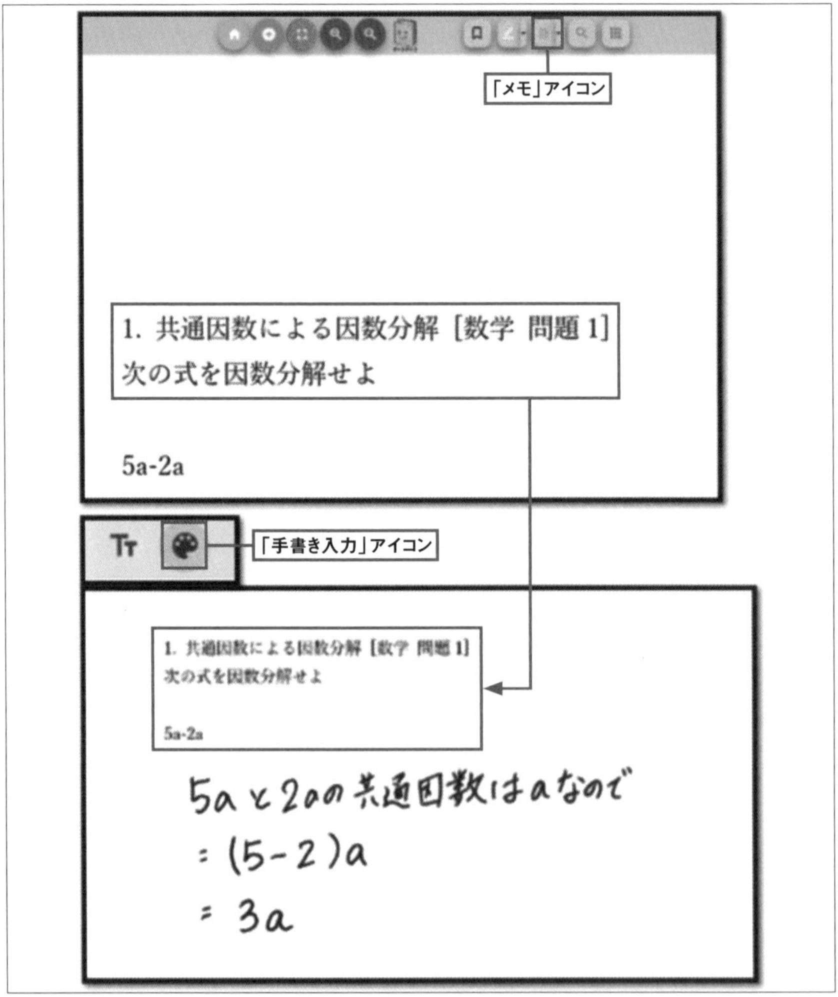

問題を見ながら、スタイラスペンや指などを使って手書きができる

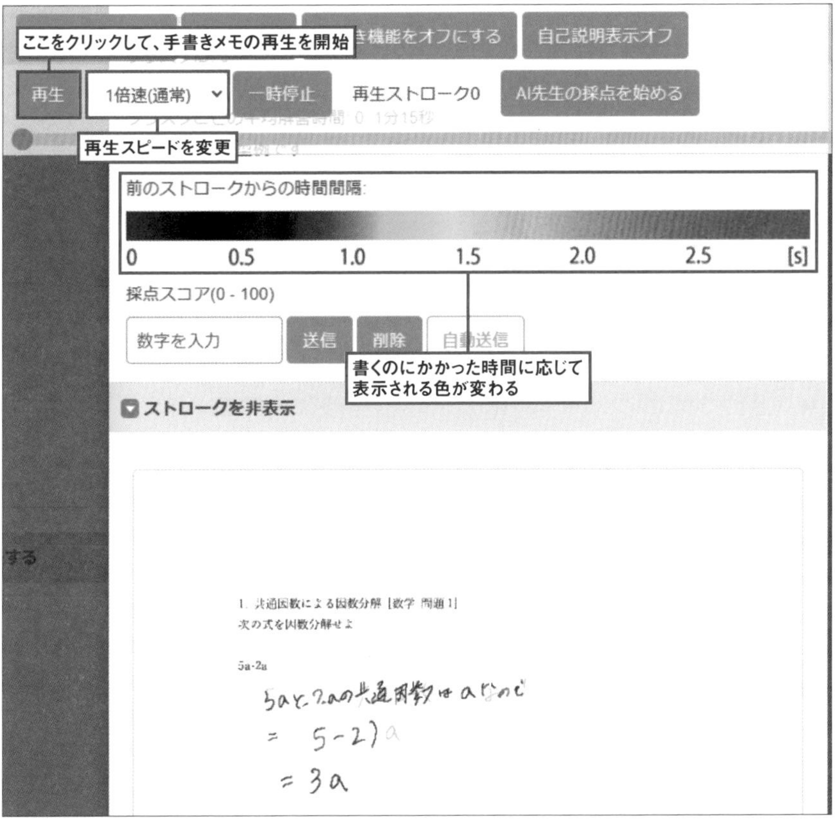

手書きのストロークを再生して思考の過程を可視化する。「再生」ボタンをボタンをクリックすると、学習者が書いた通りに手書き文字が再現されていく。書くのに時間がかかった箇所は赤く表示される。どこで手が止まったのか分かれば、学習者の思考過程を推測できる

授業後の分析

ここでは、授業後にLEAFを活用する方法を紹介します。授業後から次の授業までの間は、教員にとっては振り返りと準備の時間です。学習者にとっては復習と予習の時間となります。復習のために小テストや宿題を配布したり、次の授業範囲を伝え「この部分を読んで、分からない単語があったらノートに書き出しておいてください」と予習を促したりすることは、わざわざLEAFを使わなくてもできることです。では、LEAFを利用する場合と利用しない場合で、授業後は何が違うのでしょうか？

学習活動をデータで理解する

これまで説明してきた通り、データに基づいた授業を実現できるところが、LEAFを利用した授業が従来の授業と最も異なる点です。それでは、授業後のLEAFの利用について、具体的な例で見ていきましょう。

復習案内を送る

LMS･ログパレのメッセージ機能を利用して復習内容を伝える

- 理解できた箇所はマーカーを削除し、分かるまでの過程をメモに書かせる
- 小テストをBookRollで実施し、マーカー、メモ、クイズ機能などを使って解答させる
- BookRollのクイズ機能を利用して、その日の授業の理解度と難易度を回答させる

復習状況の確認

指示した復習内容に沿って学習したかどうか、復習状況を確認する
各学習者の学習状況を見て、必要に応じてログパレから個別メッセージを送って復習を促す

予習案内

次の授業が近づいてきたら、LMS･ログパレのメッセージ機能を利用して予習内容を伝える

学習状況の把握

- ほかの学習者と比較して閲覧時間が極端に短い学習者や、学習時間帯が継続して深夜である学習者がいる場合、学習とは異なる視点からケアすることも必要
- 学習状況や対人関係をベースに、グループを形成し、グループ学習につなげることも可能

授業後のLEAFの利用例。クイズ機能は小テストやアンケートに使う

このように、LEAFを利用すると、学習者はこれまで感覚的に何となく理解していた学習活動が、具体的なデータによって客観的に捉えられるようになります。また、教員は学習者ごとの理解度や学習状況を確認できるだけでなく、状況に応じて適切な介入まで可能になります。さらに、複数の学習者を対象に学習ログを比較したり、クラス全体の傾向を検証したりできるため、学年全体の学習傾向、理解度などを効率的かつ科学的に分析することも可能になります。

小田部 綾子

第4節 練習用コースを使ってみる

BookRollとログパレを実際に使ってみたい人向けに練習用コースを用意しています。この節では、練習用コースへの登録方法について説明します。練習用コースは、LMSの「Moodle」からアクセスします。まず、Moodleのアカウントを作成します。Moodleには教員アカウントと学生アカウントがあり、異なるメールアドレスがあれば、両方のアカウントを作成できます。

練習用コース上にはBookRollに使える教材を掲載しています。コースに登録すれば、すぐにBookRollとログパレを利用できます。また、他人の著作権を侵害しない教材であれば、ご自身で用意したPDF教材でも構いません。ただし、教材は練習用コースに登録された全ての参加者から閲覧可能な状態となりますので注意してください。そのほか、練習用コース利用に関するルールはMoodle上に記載しています。それでは、本書で紹介した例を参考に、授業でどのように使うかを想像しながらBookRollを使ってみてください。なお、練習用コースは已む得ない事情により予告なく停止することがあります。

以下のページにアクセスすると
http://bit.ly/letdemo
以下にジャンプします
https://live.let.media.kyoto-u.ac.jp/demo/moodle/login/index.php

※掲載されたURLは予告なしに変更または削除される場合があります
※練習用コースは予告なく運用を停止することがあります

練習用コースを使うには、まずLMSの「Moodle」でアカウントを作成する

Moodle にユーザー情報を入力する

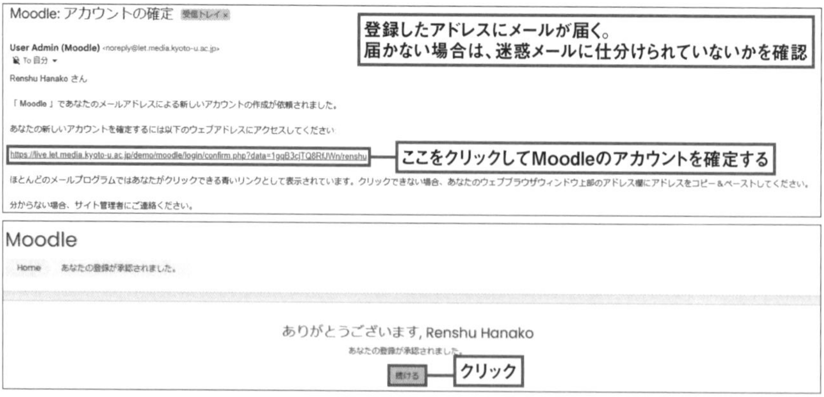

Moodle のアカウント作成を完了する

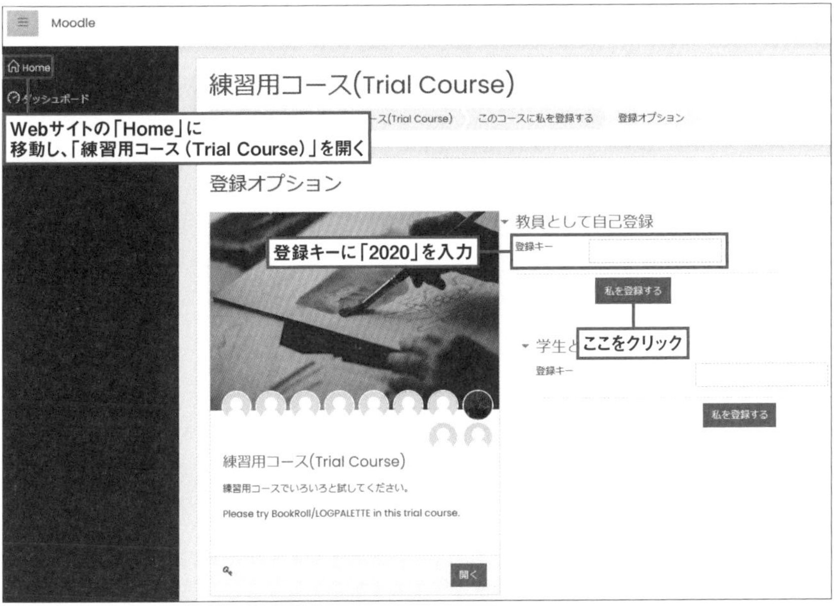

「練習用コース」に登録する。別途アカウントを作成して学生として登録すれば、学生側の動作確認も可能

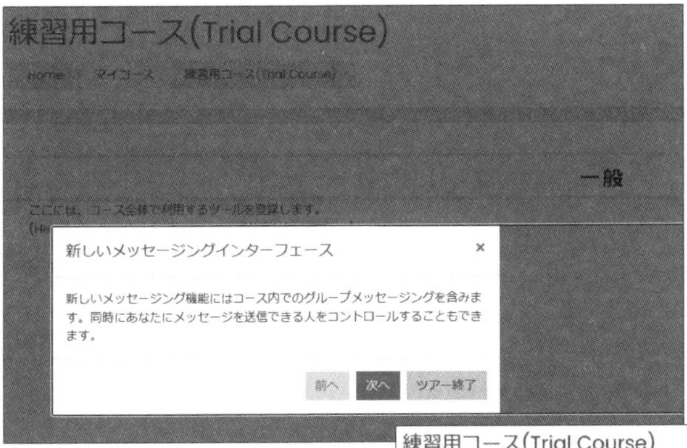

この画面が表示されると練習コースに登録完了

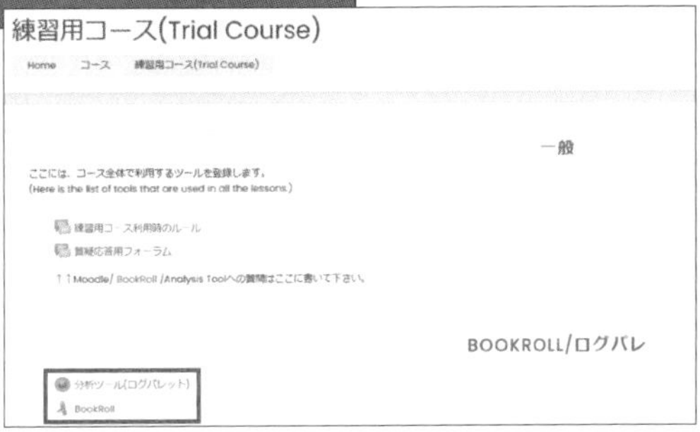

「BookRoll」と「分析ツール（ログパレット）」をクリックして起動する

指導実績として蓄積できる

第4章ではBookRollの基本的な使い方について説明しました。マーカーとメモはシンプルな機能でありながら、機能に対する意味付けと利用方法次第で初等教育から高等教育まで幅広く利用できます。

BookRollがあれば、学習者はコンピューターでいつでも複数の教科を学習し、自身の学習ログを確認できるため、自主的に学習する力が培われます。また、BookRollの利点として、教科書を持ち歩く負担やプリントをなくす心配がないことも挙げられます。

教員は、学習者が残した学習ログをログパレで確認・分析し、指導に生かします。結果のみの分析からさらに進んで、個人、クラス、学年単位で学習者がどのように学習しているのかをリアルタイム、あるいは過去に遡って把握できます。BookRollとログパレを利用した予習から復習までの一連の流れを長期的に繰り返すことで、膨大な学習ログとそれらのデータを利用した指導実績を蓄積できます。それは教員と学習者にとどまらず、教育機関全体としても有益でしょう。

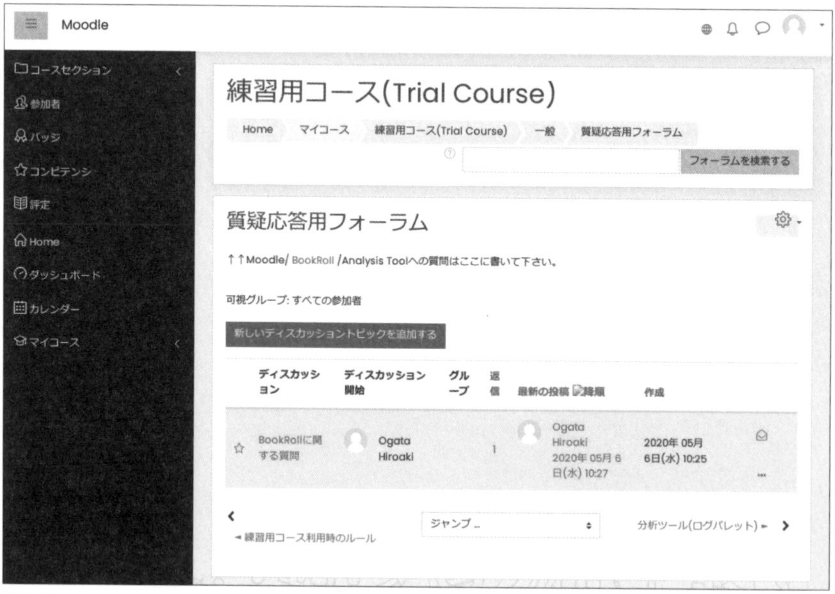

練習用コースの質疑応答フォーラムを開いたところ

江口 悦弘

終章 教育データ利用の社会原則 全ては学習者のために

ここまで、ラーニングアナリティクスとエビデンスに基づく教育について、最新の研究成果を中心に紹介してきました。最後に、私たちが教育データやそれを使ったラーニングアナリティクスをどのように活用したらよいかを考えてみます。

学習者の利益を第一に考える

第1章の第3節で、日本学術会議が示した教育データの目的による分類を紹介しました。この表の「目的の例」を読むと、データの利用者が誰であれ、「全ては学習者のためになること」だと分かります。教員は指導方法や教材を改善し、教育機関はカリキュラムを最適化し、国や自治体はエビデンスに基づいた教育施策を立案・実行します。これらは全て、児童・生徒・学生などの学習者がより良い教育を受けられるようにするためであり、ただ一つの目的なのです。

この目的のために教員と教育機関、自治体、研究機関は、教育データの利用が学習者の不利益にならないようにすることが求められます。具体的には、データの収集範囲、流通範囲、利用目的、保存期間、管理方法、コントロール性などを示し、学習者と保護者に対して丁寧に説明することが大事です。特に利用目的については、学習者が望まない分析や見える化をしない、学習者に不利益になる使い方はしないことが大原則です。ラーニングアナリティクスが“レッテル貼り”に使われないようにする必要があります。

AI（人工知能）は推論や推奨（リコメンド）を直接的に提示するだけに、教育データ以上に慎重な運用が必要でしょう。人間のように自然な会話ができると話題になった「ChatGPT」も、しばしば誤った回答をすることが指摘されました。AIの誤った判断を受け入れた結果として、差別などの不利益が生じる懸念があります。

例えば、学生の現時点での成績や出欠情報などから将来の成績を推測するAIがあったとします。第2章と第3章で紹介したように、教員がそのAIを利用し、問題を抱えた学生を見つけて支援すれば、学生の利益になります。しかし反対に、

教育・学習は、技術に優先すること

教育データを利活用する目的は、これらのデータをもとに、一人一人の児童生徒の状況を多面的に確認し、学習指導・生徒指導・学級経営・学校運営など**教育活動の各場面において、一人一人の力を最大限引き出すためのきめ細かい支援を可能とすることである**

データの利活用等はこのための手段であり、技術やデータを利活用すること自体が目的化しないようにする必要がある

教育データを利活用する主体は、児童生徒（学習者）、保護者、教職員、学校、学校設置者、行政機関、大学等の研究機関などであるが、**「学習者」（保護者を含む）が受益者となるよう、各主体が取り組んでいく必要がある**

安全・安心を確保すること

児童生徒は基本的に未成年者であることも踏まえ、「教育データ利活用」と「安全・安心」の両立が実現されるよう、プライバシーの保護等を万全としつつ、安全・安心に利活用が図られる仕組みやルールとする必要がある

個人のデータの流通・利用は、本人の理解や納得の上で行われる必要があり、**本人の望まない形で行われることによって、個人が不利益を受けることのないようにする必要がある**

教育データの利活用の原則。文部科学省「教育データの利活用に関する有識者会議中間まとめ」から抜粋

教員が「この学生は見込みがない」と考えた場合、学生に不利益が生じる可能性も否定できません。ツールから得た情報が同じであっても、アクションの仕方で結果は正反対になります。データもAIも、使い方次第というわけです。

特にAIについては、開発や運用に関する倫理的・社会的責任について検討されるようになりました。科学技術の研究・開発分野で基本とされる概念の一つにELSI（Ethical, Legal and Social Issues：エルシー）があります。倫理的・法的・社会的課題を意味します。この考えに基づき、AIによって不当な扱いや差別を受けないように「AIの社会原則」が提唱されています。AIは、「公平性及び透明性のある意思決定とその結果に対する説明責任（accountability）が適切に確保されるとともに、技術に対する信頼性（trust）が担保される必要がある」（統合イノベーション戦略推進会議決定「人間中心のAI社会原則」）とされます。教育データの利活用についても、全く同じことがいえるでしょう。

多様な学習者に個別最適な学びを

第1章で見たように、教育データやラーニングアナリティクスが注目されるようになった背景には、個別最適な学びへの社会的な要請がありました。ラーニングアナリティクスの研究はまだ道半ばですが、将来的にはほかのICTも組み合わせて「誰もが、いつでもどこからでも、誰とでも、自分らしく学べる学校」が実現するでしょう。そこには、画一的な一斉授業も全員が黒板に向かう姿もありません。

児童・生徒一人ひとりの特性に合わせた学びを実現した授業（イラスト：森マサコ）

授業のペースについていけない児童・生徒には教員が丁寧に指導し、反対に一斉授業ではペースが遅すぎる子供は、自分に合った学習法で学年とは関係なく先に進みます。AIが子供たち一人ひとりに最適な学習方法や指導方法を提案することで、学びの効率が上がります。登校できなくてもメタバースで授業に参加でき、ネットを通じて海外の教員や生徒と一緒に学ぶことも可能です。

もちろん、これまでの一斉授業が完全になくなるわけではありませんし、一斉に学んだ方がよい内容もあります。しかし、それだけでは多様な子供たちの学びを支えることは難しくなっています。ICTを活用したラーニングアナリティクスとエビデンスに基づく教育が、多様な子供たちの資質・能力を伸ばし、未来の社会で活躍できる人材を育てるのです。

参考文献

第1章

第1節 ▮内閣府 (2018). 科学技術イノベーションが拓く新たな社会 ▮総合科学技術・イノベーション会議 (2022). Society5.0の実現に向けた教育・人材育成に関する政策パッケージ ▮中央教育審議会 (2021).「令和の日本型学校教育」の構築を目指して～全ての子供たちの可能性を引き出す，個別最適な学びと，協働的な学びの実現～ (答申) **第2節** ▮島田敬士 (2023). 教育データ活用のいろは ▮京都市 (2021). 協働学習を中心とした、児童生徒の実態把握 (児童生徒の学力、学習状況、心理状況) と、その統合的分析を通した、個々に最適な学びの在り方の検討 ▮文部科学省，内田洋行 教育総合研究所 (2022). 学校現場における先端技術活用ガイドブック 第2版 ▮埼玉県 (2021). 埼玉県の学力学習状況などのデータとAIを活用し、子供一人一人に応じた指導の実現を目指す
第3節 ▮日本学術会議 (2020). 教育のデジタル化を踏まえた学習データの利活用に関する提言―エビデンスに基づく教育に向けて― ▮教育再生実行会議 (2021). ポストコロナ期における新たな学びの在り方について ▮デジタル庁，総務省，文部科学省，経済産業省 (2022). 教育データ利活用ロードマップ ▮喜連川優 (2022). 教育のデータ駆動化―データベースシステム研究者からの一考察―

第2章

第2節 ▮Flanagan, B., Takami, K., Takii, K., Dai, Y., Majumdar, R. and Ogata, H. (2021) "EXAIT: A Symbiotic Explanation Learning System." ICCE 2021, 404-409. ▮Takami, K., Dai, Y., Flanagan, B., and Ogata, H. (2022). "Educational ExplAInable Recommender Usage and Its Effectiveness in High School Summer Vacation Assignment." LAK 2022, 458-464. ▮Chi, M. T. H. (2000). Self-explaining expository texts: The dual processes of generating inferences and repairing mental models. In R. Glaser (Ed.), Advances in Instructional Psychology (pp. 161-238). Mahwah, NJ: Lawrence Erlbaum Associates.
第3節 ▮Wessner, M., & Pfister, H.R. (2001). Group formation in computer-supported collaborative learning. In Proceedings of the ▮2001 International ACM SIGGROUP Conference on Supporting Group Work (pp. 24-31). Association for Computing Machinery. ▮Liang, C., Majumdar, R. & Ogata, H. (2021). Learning log-based automatic group formation：system design and classroom implementation study. Research and Practice in Technology Enhanced Learning, 16 (1), 1-22. ▮Sanz-Martínez, L., Er, E., Martínez-Monés, A., Dimitriadis, Y., Bote-Lorenzo, M. L. (2019). Creating collaborative groups in a mooc：A homogeneous engagement group-ing approach. Behaviour & Information Technology, 38 (11), 1107-1121. ▮Vygotsky, L. S. (1980). Mind in society：The development of higher psychological processes. Harvard University Press. ▮Knez, T., Dlab, M. H., & Hoic-Bozic, N. (2017). Implementation of group formation algorithms in the elars recommender system. International Journal of Emerging Technologies in Learning, 12 (11), 198-207. ▮Nakamizo, Y., Majumdar, R., Horikoshi, I., Liang, C., Flanagan, B., & Ogata, H. (2022). GWpulse：Supporting Learner Modeling and Group Awareness in Online Forum with Sentiment Analysis. In：Iyer, S. et al. (eds.) 30th International Conference on Computers in Education. ▮田中英蔵,New Education Expo 2022 西京高校での実践例, https://www.youtube.com/watch?v=bim4g1w4zjA&t ▮Toyokawa, Y., Majumdar, R., Lecailliez, L., Liang, C., & Ogata, H. (2021, July). Technology enhanced Jigsaw activity design for active reading in English. In 2021 International Conference on Advanced Learning Technologies (ICALT) (pp. 367-369). IEEE. ▮Liang, C., Majumdar, R., Nakamizo, Y., Flanagan, B., & Ogata, H. (2022). Algorithmic group formation and group work evaluation in a learning analytics-enhanced environment：implementation study in a Japanese junior high school. Interactive Learning Environments, 1-24. **第4節** ▮国立教育政策研究所. NIER Retrieved from: https://www.nier.go.jp/kokusai/pisa/ ▮Robinson, F. P. (1946). Effective study, Rev. ▮Khusniyah, N. L., & Lustyantie, N. (2017). Improving English Reading Comprehension Ability through Survey, Questions, Read, Record, Recite, Review Strategy (SQ4R). English language teaching, 10 (12), 202-211. ▮Ali, A. M., & Razali, A. B. (2019). アクティブリーディングeview of Studies on Cognitive and Metacognitive Reading Strategies in Teaching Reading Comprehension for ESL/EFL Leアクティブリーディングners. English Language Teaching, 12 (6), 94-111. ▮Iwai, Y. (2011). The effects of metacognitive reading strategies: Pedagogical implications for EFL/ESL teachers. The Reading Matrix 11 (2), 150, 159. **第5節** ▮Li, H., Majumdar, R., Chen, M. R. A., & Ogata, H. (2021). Goal-oriented active learning (GOAL) system to promote reading engagement, self-directed learning behavior, and motivation in extensive reading. Computers & Education, 171, 104239. ▮Partnership for 21st Century Skills. (2016). A state leader's action guide to 21st century skills: A new vision for education. ▮Tucson, AZ: Partnership for 21st Century Skills. ▮Yang, Y., Majumdar, R., Li, H., Flanagan, B., & Ogata, H. (2022). Design of a learning dashboard to enhance reading outcomes and self-directed learning behaviors in out-of-class extensive reading. Interactive Learning Environments, 1-18. **第6節** ▮Ocheja, P., Flanagan, B., & Ogata, H. (2018). Connecting decentralized learning records: a blockchain based learning analytics platform. In Proceedings of the 8th international conference on learning analytics and knowledge (pp. 265-269). ▮Ocheja, P., Flanagan, B., & Ogata, H. (2019). Decentralized e-learning marketplace: Managing authorship and tracking access to learning materials using blockchain. In International Cognitive Cities Conference (pp. 526-535). Springer, Singapore. ▮Ocheja, P., Flanagan, B., & Ogata, H. (2022). Assessment Results on the Blockchain: A Conceptual Framework. In International Conference on Artificial Intelligence in Education (pp. 306-310). Springer, Cham. ▮Ocheja, P., Flanagan, B., Ogata, H., & Oyelere, S. S. (2022). Visualization of education blockchain data: trends and challenges. Interactive Learning Environments, 1-25. ▮Ocheja, P., Flanagan, B., Ueda, H., & Ogata, H. (2019). Managing lifelong learning records through blockchain. Research and Practice in Technology Enhanced Learning, 14(1), 1-19. **第7節** ▮Davies, P. (1999). What is evidence - based education?. British journal of educational studies, 47 (2), 108-121. ▮McCarthy, C. M., Collins, E. D., &

Pusic, A. L. (2008). Where do we find the best evidence?. Plastic and reconstructive surgery, 122 (6), 1942-1947. ▌Mahajan, R. (2015). Real world data: additional source for making clinical decisions. International Journal of Applied and Basic Medical Research, 5 (2). ▌Kokoç, M., & Kara, M. (2021). A Multiple Study Investigation of the Evaluation Framework for Learning Analytics. Educational Technology & Society, 24 (1), 16-28. ▌Burns, P. B., Rohrich, R. J., & Chung, K. C. (2011). The levels of evidence and their role in evidence-based medicine. Plastic and reconstructive surgery, 128 (1), 305. ▌Maissenhaelter, B. E., Woolmore, A. L., & Schlag, P. M. (2018). Real-world evidence research based on big data. Der Onkologe, 24 (2), 91-98. ▌中西太郎.(2022).リアルワールド教育データを用いた授業設計に関するエビデンスの抽出.京都大学大学院情報学研究科 社会情報学専攻 修士論文. ▌Kuromiya, H., Majumdar, R., & Ogata, H. (2020). Fostering Evidence-Based Education with Learning Analytics. Educational Technology & Society, 23 (4), 14-29. ▌奥村光貴, 堀越泉, 緒方広明.(2022).リアルワールド教育データからのエビデンスの自動抽出に向けた「対照群」の探索手法の開発. 情報処理学会 研究報告教育学習支援情報システム (CLE).

第3章

第1節 ▌宮部剛 (2022).中学校におけるラーニングアナリティクスの実践 ▌田中英歳 (2022).ICTを活用した授業展開の研究～ビッグデータ利用と個別最適化の方法の模索～ 第3節 ▌岡本恭介, 板垣翔大, 古内利明, 安藤明伸, 堀田龍也 (2022).のこぎり引きの指導におけるラーニングアナリティクスツールを用いた支援の効果 ▌佐藤靖泰 (2022).授業デザインのリフレクションのためのLEAF活用 ▌佐藤靖泰、長濱澄、川田拓、宇田悠、長田のぞみ、阿部太輔、髙橋ひかる、堀田龍也 (2022) LEAF システム導入による小学校教師の授業設計・展開の変容に関する一検討 第4節 ▌International Organization for Standardization. (2016). Information technology for learning, education and training -- Learning analytics interoperability — Part 1: Reference model (ISO/IEC TR 20748-1:2016). Retrieved from http://www.iso.org/standard/68976.html ▌Flanagan, B., Ogata, H. (2017). Integration of Learning Analytics Research and Production Systems While Protecting Privacy, Proc. of the 25th International Conference on Computers in Education (ICCE2017), 333-338. ▌Majumdar, R., Flanagan, B., & Ogata, H. (2021). E-book technology facilitating university education during COVID-19: Japanese experience. Canadian Journal of Learning and Technology 47(4), pp. 1-28. ▌Heijne-Penninga, M., Kuks, J. B. M., Schönrock-Adema, J., Snijders, T. A. B., Cohen-Schotanus, J. (2008). Open-book tests to complement assessment-programmes: analysis of open and closed-book tests, Advances in Health Sciences Education, 13(3), 263-273. ▌Eilertsen, T.V., Valdermo, O. (2000). Open-Book Assessment: A Contribution to Improved Learning?, Studies in Educational Evaluation, 26(2), 91-103. ▌Johanns, B., Dinkens, A., & Moore, J. (2017). A systematic review comparing open-book and closed-book examinations: Evaluating effects on development of critical thinking skills. Nurse Education in Practice, 27, 89-94. ▌Theophilides, C., & Koutselini, M. (2000). Study behavior in the closed-book and the open-book examination: A comparative analysis. Educational Research and Evaluation, 6(4), 379-393. ▌Ioannidou, M. K. (1997). Testing and Life-Long Learning: Open-Book and Closed-Book Examination in a University Course. Studies in Educational Evaluation, 23(2), 131-39. ▌Agarwal, P. K., Karpicke, J. D., Kang, S. H., Roediger III, H. L., & McDermott, K. B. (2008). Examining the testing effect with open - and closed - book tests. Applied Cognitive Psychology, 22(7), 861-876. 第5節 ▌島田敬士 (2023).教育データ活用のいろは ▌大久保文哉 (2023).理想のラーニングアナリティクスを目指して～研究と実践の往還～研究報告1 情報科学の立場から 第6節 ▌文部科学省 (2021).デジタルを活用した大学・高専教育高度化プラン実施機関の取組概要 第7節 ▌“BookRoll partnership Taiwan” [Website] http://brpt.bigdatasig.org/ ▌“TEEL Workshop” [Website] https://sites.google.com/view/teel-workshop/ ▌Kulkarni A. (2019) Analysis of Enhancement in Teacher-Learner's Academic Behavior by using TEEL Platform of LET Media Kyoto Universty, Japan, IEEE Tenth International Conference on Technology for Education (T4E), Goa, India, 2019, pp. 126-129. ▌V. Kannan, H. Kuromiya, S.P. Gouripeddi, R. Majumdar, J. M.Warriem and Ogata., H. “Flip & Pair – a strategy to augment a blended course with active-learning components: effects on engagement and learning”, Smart Learning Environments, Vol. 7, No.34, 2020. ▌Kuromiya H., Majumdar R.,Warriem J.M. and Ogata H. (2019) Data-driven Validation of Pedagogical Model - A Case of Blended LCM Model, IEEE Tenth International Conference on Technology for Education (T4E), Goa, India, 2019, pp. 38-45. ▌Kannan, V., Warriem, J.M., Majumdar, R. and Ogata, H. "Learning Dialogues orchestrated with BookRoll: A Case Study of Undergraduate Physics Class During COVID-19 Lockdown", Proceedings of ICCE2020, Vol.1, pp.602-611, 2020. ▌Kannan V., Warriem J., Majumdar R. & Ogata H. (2022) Learning Dialogues orchestrated with BookRoll: Effects on Engagement and Learning in an Undergraduate Physics course. Research and Practice in Technology Enhanced Learning 17, 28. ▌EDUsummIT (2022-2023) https://www.let.media.kyoto-u.ac.jp/edusummit2022 ▌Ogata H., Majumdar R., Yang J.H.S., Warriem J.M. (2022) LEAF (Learning & Evidence Analytics Framework): Research and Practice in International Collaboration. Information and Technology in Education and Learning https://doi.org/10.12937/itel.2.1.Inv.p001

終章

▌文部科学省 (2021).教育データの利活用に関する有識者会議中間まとめ ▌統合イノベーション戦略推進会議, 人間中心のAI社会原則会議 (2019).人間中心のAI社会原則 ▌IEEE (2017). IEEE Ethically Aligned Design, version 2

緒方 広明(おがた ひろあき)
京都大学 学術情報メディアセンター 教授
1998年徳島大学にて博士号(工学)取得。その後、徳島大学工学部知能情報工学科准教授、米国コロラド大学ボルダー校生涯学習デザイン研究所客員研究員、九州大学ラーニングアナリティクスセンター長、同大学主幹教授などを歴任し、2017年4月から京都大学・学術情報メディアセンター教授。同大学・大学院情報学研究科・社会情報学専攻併任。エビデンス駆動型教育研究協議会 代表理事。日本学術会議「教育データ利活用分科会」幹事。文部科学省「教育データの利活用に関する有識者会議」委員。教育データ科学、ラーニングアナリティクス(学習分析)、エビデンスに基づく教育のための情報基盤システムなどの研究に従事する。

江口 悦弘(えぐち えつひろ)
日経BP 日経パソコン編集長・教育とICT Online編集長
1990年に中央大学法学部を卒業し、日経BPに入社。日経パソコン記者、日経WinPC編集長などを経て2020年から現職。月2回刊の専門誌「日経パソコン」を編集する傍ら、ICT活用教育の取材・執筆も担当し、「日経パソコン 教育とICT」「教育とICT Online」で情報発信している。

編集協力
小田部 綾子、オチェジャ・パトリック、黒宮 寛之、志賀 恭子、高見 享佑、戴 憶菱、豊川 裕子、中川 あゆみ、中西 太郎、フラナガン・ブレンダン 、堀越 泉、マジュンダール・リトジット 、李 慧勇、梁 昌豪

学びを変えるラーニングアナリティクス

2023年4月17日　第1版第1刷発行

著　　者　緒方 広明、江口 悦弘
編　　集　江口 悦弘
発 行 者　中野 淳
発　　行　株式会社日経BP
発　　売　株式会社日経BPマーケティング
〒105-8308　東京都港区虎ノ門4-3-12

装　　丁　小口翔平+阿部早紀子(tobufune)
本文デザイン・制作　Club Advance
印刷・製本　図書印刷株式会社

ISBN 978-4-296-20197-6

本書に関するお問い合わせ、ご連絡は下記にて承ります。
https://nkbp.jp/booksQA